ムエタイの世界

ギャンブル化変容の体験的考察　菱田慶文
Hishida Yoshifumi

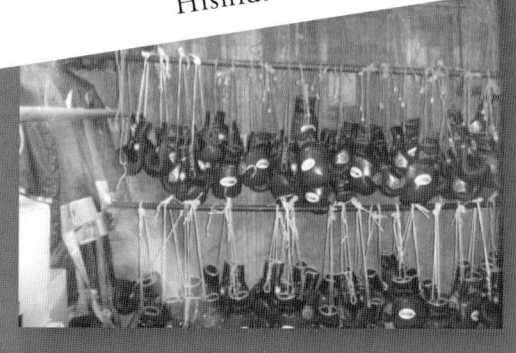

めこん

謝辞（ワイクルー）

　本書は、2008年に博士論文として早稲田大学人間科学部に提出した「ムエタイの賭博化変容　How gambling transformed Muaythai」に加筆修正し、写真を多数加えたものである。

　ムエタイには、闘う前に「ランムエ」という舞いを必ず舞わねばならないという厳しいしきたりがある。それは、この闘いの舞いが「ワイクルー」という意味を持っているからである。ワイクルーとは、師に感謝を捧げる儀式である。

　私もこのワイクルーの作法のように感謝の気持ちを述べてから、自分の「闘い」である本書を皆様にお見せしたいと思う。

　感謝したい人はたくさんいる。ワイクルー風に言うならば、「尊敬する師、朋友、両親、ご先祖様、ムエタイを伝えてきてくれた人々」である。

　尊敬する師は、まず、こんな自分にムエタイという格闘技の研究の面白さを薦めてくださった指導教官の寒川恒夫先生である。師は研究の楽しさと苦しさの両方を自分に教え、こんな自分を最後まで見捨てずにいてくださった。

　格闘技の世界には、尊敬すべき師は、たくさん存在し過ぎて数えられない。しかし、特にお名前をあげさせていただきたいのは、10年前に引退していてもおかしくないような勝ち星の少ない自分をプロ格闘技の選手として復活させてくれたシーザー武志会長と鈴木剛生師範である。師範らは、プロ格闘技の経験を少年教育へ活かし、居場所のない少年を格闘技という手段で男らしい男へと導こうとされている。タイで貧困家庭に育つ少年たちをムエタイで立派な男に育て上げていく老師範と同じである。その姿には深い感銘を受けた。大きな山のような師、先生方、ありがとうございます。ご恩に報いるように日々精進していきます。

　礼を言わなければならない朋友も数えきれない。研究仲間の瀬戸、中嶋、工藤、小木曽、園家、大塚、橋本、馬、朴、国宝は、パソコンを打つのも本を読むのも苦手な私を上手に励まして研究を続けさせてくれた。特に研究室の助手である瀬戸は、小言がうるさいが、3年に1度は心に響く名言をもって自分を諭してくれた。そして、大学時代からの友人で、現在でも愛知県で空手道場を開く大藪和雄は、事あるたびに上京して、私の面倒を見て帰っていく。彼は実力の足らない私に、技の研究からパソコンの技術まで色んなアイデアを与えてくれた。

　名古屋でキックボクシングジムを主宰する小森次郎会長は、ムエタイの動きを初めて私に体験させ、重厚なムエタイ技術を丹念に教えてくださった。当時は若くて言うことを聞かなかった私に手を焼きながらも、諦めずに指導していただいたことを本当に有り難く思う。

　江戸川区で格闘技ジムを主宰する酒井秀信は、「倒す技」を徹底的に研究し、自

らの肉体をもって私にプロ格闘技の技法を染み込ませてくれた。彼の「倒し」にこだわる技法の研究は、ムエタイと日本の格闘技の異質性を気づかせてくれた。

　タイ社会を学ばせてくれた方は、タイ語やタイ人の優しさを心から教えてくれた保川チンタナ先生、ベイル先生、チャチャイ先生、佐川先生、柴山先生、加藤先生、入江先生、藤堂先生、永木先生、小野沢先生、ノン君、ティック君、渡部さん、工藤さん、池田さん、慶田さん、小森さんだった。特に谷口輝明先生、青島律さん、鈴木秀樹さんには丁寧なご指導を頂いた。

　格闘技の技術的なアドバイスを頂いた方は数えきれない。大森敏範先輩、山崎照朝先生、大沢昇先生、藤原敏男先生、亀谷長保先生、ベニー・ユキーデ先生、ロレンゾ・ロドリゲス先生、清水隆広先生、大和田正春先生、谷口拓己先生、佐々木功輔先生、南牧生先生、大西正夫先生、西田亨先生、松永秀夫先生、国吉豊会長、門野省吾会長、守永光義会長、伊藤隆会長、田桎孝島会長、小林勝利師範、長江国政師範、猪狩元秀師範、増田章師範、伊藤隆会長、三枝浩二先輩、八ツ代伸一先輩、鴇稔之コーチ、大島健太さん、蘇我英樹さん、足立拓さん、橋本共平さん、緒形健一さん、土井広之さん、川上烈司君、大西広之君、山本元気君、Angmor プロモーター、Siraphop プロモーターである。英語の苦労を手伝ってくれたのは、紘子さん、西田君、村本さんである。

　両親への感謝ももちろん忘れてはいけない。私に顔や体型がそっくりな父親は、いつまでもうだつがあがらない息子を嘆きながらも、頑張っていると褒めてくれる。

　ワイクルーの概念には、「お金をくれた人に感謝しなさい」という決まりはないが、私の貧乏な生活を救ってくれた奨学金にも感謝せねばならないと強く思う。1ヵ月の家賃が1万5000円のプレハブのようなアパートに住んでいる私は、エアコンもなくて、真夏の8月には暑くて寝られないため、大学の研究室に泊まるのがほとんどだった。「なんとかタイに調査に行かねばならない」と思って切り詰めた生活をしていた。そんな自分を救ってくれたのが、「ヤングリーダー奨学基金（Sylff）プログラム」（日本財団提供、東京財団運営）だった。奨学金に選考された、と知らされた時には、天から研究を応援されたような気持になった。

　最後に、一緒に格闘技をしてきた仲間たちに感謝したい。私は15歳で格闘技を始めて28年になる。28年間、自分と叩き合い、蹴りあってくれた仲間よ、いつまでも達者でいて下さい。

　格闘技を伝えてきてくれた先人たちよ。この素晴らしい格闘技をこれからの時代を担っていく少年たちに正しく伝えていきますので、どうぞ安心して下さい。

目次

謝辞（ワイクルー）………3

はじめに………10

1. 本研究の目的………10
2. 研究の対象と方法………12
3. 調査期間と調査を行なった地域・ジム………13
4. 先行研究の検討と本論文のオリジナリティー………15
5. 用語の定義………16

第1章 ムエタイを生んだ国………18

1-1. タイという国………19
1-2. 歴代王朝とムエタイ………20
1-3. 政治権力とムエタイ………22
1-4. 貧富の格差………24
1-5. タイ人の価値観………30
　▶▶▶フィールドノートから
　ノントゥム・パリンヤーと闘う………35

第2章 タイ人とギャンブル………41

2-1. ギャンブル好き………42
2-2. 法律の柔軟性………46
2-3. 仏教とギャンブル………47
　▶▶▶フィールドノートから
　魚を逃がして徳を積む………50

第3章 前近代ムエタイ1 ……… 51

3-1. ムエタイの発生――武術としてのムエタイ ……… 52
3-2. 伝統ムエタイの理念 ……… 54
3-3. 武術ムエタイの技法 ……… 56

第4章 前近代ムエタイ2 ……… 64

4-1. スコータイ時代アユタヤ時代のムエタイ ……… 65
4-2. ムエ・カートチュアックの誕生 ……… 65
4-3. タイの近代化とムエ・カートチュアック ……… 67
4-4. ムエ・カートチュアックの技法 ……… 68

第5章 近代ムエタイの誕生 ……… 77

5-1. ムエ・カートチュアックからグローブへ ……… 78
5-2. 近代ムエタイとナショナリズム ……… 79
5-3. ムエタイ伝説（1）カノムトム ……… 80
5-4. ムエタイ伝説（2）フランス人兄弟を倒したムエタイ師範 ……… 82
5-5. 近代ムエタイと女性 ……… 84
5-6. 国民的なスポーツとして発展 ……… 85
5-7. 近代ムエタイ草創期の技法
　　（1920年頃～1940年頃）……… 87
5-8. 国民的なスポーツへの変容期の技法
　　（1940年頃～1970年頃）……… 88

第6章 ギャンブル・ムエタイ……93

- 6-1. ムエタイ・ギャンブルの種類 ……… 94
- 6-2. 賭け試合 ……… 98
- 6-3. ギャンブル・ムエタイ（個人対個人の賭け）……… 99
- 6-4. スタジアム外のムエタイ・ギャンブル ……… 103
- 6-5. スタジアムの情報屋 ……… 106
- 6-6. ギャンブル・ムエタイ化 ……… 107
- 6-7. ギャンブル指向のマッチメイク ……… 116
- 6-8. ギャンブルのない国際式ボクシング ……… 120
- 6-9. 選手の小型化と若年化 ……… 124
- 6-10. ビジネス・ツールとしてのムエタイ選手 ……… 127
- 6-11. ムエタイのギャンブル志向の是非 ……… 130
- 6-12. 暗黙のルール ……… 132
- 6-13. ギャンブル・ムエタイの闘い方 ……… 136
    - ▶▶▶ フィールドノートから
    - スタジアムの金網 ……… 142
    - ムエタイ黄金時代 ……… 144

第7章 ムエタイと仏教 ……… 149

- 7-1. 闘う前に ……… 150
- 7-2. ムエタイの仏教的装備 ……… 151
    - ▶▶▶ フィールドノートから
    - プラクルアン ……… 158

第8章 ムエタイ情報誌に見るムエタイの変化 …… 159

第9章 ムエタイの世界 …… 169

9-1. ムエタイ人生 …… 170
9-2. ムエタイのジム …… 179
9-3. オーナーと選手 …… 185
9-4. ムエタイ選手の人気 …… 186
9-5. ムエタイ選手の1日 …… 188
9-6. 引退後 …… 195
9-7. タイ人にとってムエタイとは？ …… 198
　　▶▶▶フィールドノートから
　　ムエタイの強さ …… 201
　　大沢昇さんの話 …… 206

　　ムエタイのひろがり …… 208

終章 …… 216

あとがき …… 218

参考文献 …… 219

はじめに

1. 本研究の目的

　ムエタイは、タイでは一般に、戦乱の時代に生まれ、軍事訓練として伝承されてきたと考えられている格闘技である。[1]この格闘技は第2次世界大戦前にリングで闘う近代スポーツとして現在の形になり、発展してきた。ルールは、拳にグローブを着用して、打つ、蹴る、また組んでの肘打ちや膝蹴りを認めている。

　ムエタイの試合には必ず宗教的な儀礼が伴い、トレーニングにおいても試合においても、師への尊敬、長幼の序、闘う相手への敬意などを大切にする。このようにムエタイはきわめて道徳的な側面がありながら、本来は違法であるギャンブルが伴うのを例外的に許容するスポーツでもある。しかし、近代スポーツとしてのルールが確立されたムエタイ草創期、さらに国民的スポーツに発展した時期のムエタイは必ずしもギャンブルの対象となっていたわけではない。それがタイの経済発展に呼応するかのように急速にギャンブル化して、今日に至っている。

　本研究は、ムエタイが近代的なルールで行なわれるようになった後、ギャンブルの影響によって伝統的な「理念」と「技法」、そしてタイ社会における「存在意義」が変容したことを明らかにしようとするものである。

　ムエタイは現在日本で行なわれているキックボクシングやK-1のルーツであり、ムエタイを参考にして創られた新興格闘技の団体では、ムエタイの技術を修得するために、本場タイからムエタイのコーチを招聘していることも多い。しかしながら、このような新興格闘技の選手と現在のタイのムエタイ選手では、技の使用方法や勝負観に違いが見られ、観客が求めている「闘い方」にも違いが見られる。近代柔道に倣う言葉で説明するならば、現在のムエタイは、「一本」を取る勝負方法でなく、「技あり」や「効果」を積み重ねて勝利を得るス

---

[1] ムエタイの研究者である Peter Vail は、軍事訓練であったという言説には、はっきりした根拠がないと述べている。［Vail 1998, p.57］

タイルとなっている。新興格闘技ではKO決着やTKO（テクニカルノックアウト）が3割以上あるが、ムエタイ興行では10試合のうちKO決着は1試合あるかないかであり、1日の興行がすべて判定で終わることも多い。

　新興格闘技とムエタイの間にある差異は何か？　両競技はルールが若干異なるが、現在のムエタイは明らかにKO狙いではなく、自分自身を守るための技法が重視され、怪我をできるだけ回避するような攻撃方法が用いられている。最初の1、2ラウンドは攻撃をしあうこともなく、両方が距離を取り合い、空蹴り、空打ちばかりを多用し、本気で闘っているようには見えない。さらに、最終の5ラウンド後半を過ぎると、相手選手をKOできるチャンスがあっても、勝ったと思えば、無理に攻撃を続けない。

　タイ人の古いムエタイファンやムエタイ関係者、往年の名選手によれば、「以前のムエタイは、多彩な技でKO決着が続出し、毎試合激しい打ち合いが見られる過激な格闘技であった」という。ムエタイのチャンピオンはタイの国民的スターであると言われるほど、ムエタイはタイ人を熱狂させるスポーツだったのである。しかしながら、現在ではサッカーに代表される国際スポーツに人気を奪われてしまった。

　私は1988年より日本においてキックボクシングを修練していた。その頃、日本のキックボクシング界の手本と言えばタイで有名選手が繰り広げるムエタイの試合であった。私が最初に本場タイを訪れたのは1993年である。1ヵ月の間、現地のムエタイ・ジムに寝泊まりし、本場の技術を修得しようと試みた。次に長期滞在して本格的なムエタイ修行をしようとタイを訪れたのは1999年であったが、その時、スタジアムで見たムエタイは、以前ビデオなどで手本としていたムエタイの技法とは既に異なるものになっていた。

　「ムエタイの帝王」と呼ばれ、7つのチャンピオンベルトを巻いたアピデート・シットヒラン[2]は、ムエタイ雑誌のインタビューに「今のムエタイはビジネスになってしまった」と語っている[3]。ドイツのムエタイ選手であり、ムエタイの教本を執筆したクリストフ・デルフも「今日、スタジアムやＴＶで観戦する観客たちは、おおむねギャンブルに関心を寄せている。誰が勝つかに焦点が当てら

2　1960年代〜80年代にかけて活躍したムエタイの大スター（1941〜2013年）。生涯戦績320戦295勝25敗。
3　*Monthly Muaythai*, 創刊号, Sisico Promotion, 2001, p.18.

れており、様々な種類の魅力的な技術には注目していない」と述べている[4]。このような感想を、私は多くのムエタイ選手OBやムエタイの師範から聞いた。後述する「伝統ムエタイ」の師範であり、ルンピニー・スタジアムの初代支配人であったケート・シーヤパイは、ギャンブルゲーム化したムエタイについて「近ごろのムエタイの試合は、2匹の犬が嚙み合っているようなものだ」と表現している[5]。今のムエタイは昔のような多彩な技がないと嘆いているのである。

なぜ、現在のムエタイがこのように言われるようになったのか、何がムエタイに影響を与え、変容させたのか。どのようにして現在のムエタイの勝負観が生まれたのか。なぜ倒すか倒されるかの緊張感のある激しい試合が見られなくなったのか。

本論文の出発点は、私がムエタイ修行にタイに来てスタジアムで感じたこの違和感である。その後、カセサート大学に学びながらバンコクのジムに所属して、練習に励み、ジムの仲間たちや関係者に話を聞くうちに、ムエタイの変容過程が徐々に見えてきた。私はそれを、タイ社会の変化に伴うムエタイの構造的変容という側面と、実際にムエタイの世界の内部にいる選手やその家族、観客、ジム、スタジアムなどの実態的変化という側面から描いてみたい。

とはいえ、ムエタイの格闘技としての強さが衰えたということではない。私自身が肌で感じ、多くの関係者から聞いたムエタイの強さはやはり驚くべきものである。第9章「ムエタイの世界」は論文のテーマを追究する上で削ぎ落とさざるをえなかった私自身のムエタイに対する敬意と熱い思いを綴ったものでもある。

2. 研究の対象と方法

ムエタイの正式な発音は「ムアイタイ」に近いが、日本ではムエタイという言葉が一般化しているので、本論においても「ムエタイ」と表記する。

調査研究の対象は基本的にタイで行なわれているムエタイであり、調査研究の場はタイのメインスタジアムであるラジャダムナン・スタジアムとルンピニー・スタジアムが中心である。ラジャダムナンとルンピニーの2大スタジア

---

[4] Delp 2002, pp.3-4.
[5] Howard *et al.* 1998, p.22. ケート・シーヤパイの発言についてはp.50以下を参照。

ムはムエタイの世界では絶対的と言えるほど影響力が強く、それ以外の場で行なわれるムエタイは基本的な技法や理念をラジャダムナンとルンピニーに求めているからである。ただし、ムエタイの世界は想像していた以上に広い。「ギャンブル化変容」というテーマを追究するうちに、必然的にフィールドはタイの地方、さらに隣国にまで広がった。

　研究の方法は文献調査とフィールドワークである。タイ語で書かれている文献はアルファベットで表示した。フィールドワークは1999年5月から2002年3月までのバンコク滞在時の調査が中心であるが、その後、2013年3月まで継続的に調査は続けている。さらに、イサーン（東北タイ）、チェンマイ、南タイのパッタニーなどにおいても短期の調査を行なってきた。

　私はムエタイのプロ選手としてラジャダムナン・スタジアムでも試合を行なっている。その経験を生かして、本論文ではムエタイの技術や試合運びなどイーミックな情報を重視した。こうした情報はムエタイのギャンブル化変容について考察するに際し大いに役立っている。

　また選手としての活動からムエタイ社会に人脈を持ち、ムエタイに関わる様々な人々（ムエタイ選手、トレーナー、ムエタイファン、興行主、ギャンブラー等）から聞き取り調査を行なうことができた。論文中には具体例として多くの写真を載せているが、個人を特定できる写真はすべて本人の了承を得ている。なお、文中の年齢は取材時のものである。

3.調査期間と調査を行なった地域・ジム

【バンコク】
- カセサート大学ボクシング部（Kasetsart University Boxing Club）：1999年5月21日〜2000年12月20日在籍
- キアットプラサーンチャイ・ジム（Kiat Prasaanchai Gym）：1999年5月21日〜2000年12月20日所属
- マーイモンコン・ジム（Mai Mongkorn Gym）：1999年9月2日〜12月28日所属
- ムエタイ・インスティテュート（Muaythai Institute）：2000年1月10日〜3月15日所属

- ルークタパカー・ジム（Looktapraka Gym）：2000年3月19日〜12月18日所属
- シットヨートトン・ジム（Sityodthong Gym）：2000年1月28日インタビュー
- サシプラパー・ジム（Sasiprapa Gym）：2000年2月5日インタビュー
- ポー・パオイン・ジム（Popaoin Gym）：2000年2月9日インタビュー
- ケーオサムリット・ジム（Keiwsaumrit Gym）：2000年10月2日インタビュー
- ギャットンユット・ジム（Keatyongyut Gym）：2000年10月2日インタビュー
- ソーチラダ・ジム（Sorjirada Gym）：不定期に調査
- ビッグショット・ジム（Big Shot Gym）：2002年〜2006年3月28日 不定期に調査
- チューワッタナ・ジム（Chuwatana Gym）：2002年〜2013年3月15日 不定期に調査
- ソムブーン・ジム（Sombum Gym）：2006年4月2日インタビュー
- シットコーソン・ジム：2004年〜2006年 不定期に調査

【地方】

- カーイムエ（＝ジム）・シッチャーチュワン（Kaimuay Sityjachuan）（ヤソートーン県）：1999年11月10日〜11月12日インタビュー
- カーイムエ・シットソントン（Kaimuay Sitsomton）（コーンケン県）：1999年12月17日インタビュー
- ペットポンカン・ジム（Pechpongkarn Gym）（パッタニー県）：2000年7月28日インタビュー。
- チェンカン・ジム（Chiengkarn Gym）（ルーイ県）：2000年9月7日インタビュー
- ブッサパー・ジム（Bussaba Gym）（チェンマイ県）：2006年3月25日インタビュー
- レジェンド・ジム（Legend Gym）（ウボンラーチャターニー県）：2007年8月7日インタビュー
- ヌンウボン・ジム（Nung Ubon Gym）（ウボンラーチャターニー県）：2007年8月7日インタビュー
- ポーウボン・ジム（Po Ubon Gym）（ウボンラーチャターニー県）：2007年8月8日インタビュー
- ポープラムック・ジム（Po Pramuk Gym）（チャチューンサオ県）：2011年3月2日インタビュー

4. 先行研究の検討と本論文のオリジナリティー

　現在、ムエタイに関して出版されている一般的な書籍には、旅行者向けにムエタイを紹介したもの、外国人格闘技ファンのための技術書、ムエタイ・ギャンブルを行なうタイ人のためのムエタイ新聞やムエタイ雑誌などがある。

　ムエタイの歴史や文化を扱った出版物は少ないが、タイ国立文化委員会が編集した *Sinrappa Muaythai*, 1998. や Panya Kruits, *Muaythai*, 1988. などはムエタイについて包括的に書かれたものであり、資料として価値が高い。これらは、ムエタイの技術の他、儀礼や伝承についても述べた数少ない資料である。

　外国人ジャーナリストとしてムエタイを海外に紹介したHardy　Stockmann, *Kick Boxing : Muay-Thai the Art of Siamese Un-armed Combat*, 1976. はムエタイの歴史や儀礼だけでなく、海外への伝播や外国人格闘家との試合などについても述べており、近代化以降のムエタイ社会の動向やムエタイ選手のジム生活にも言及している。また、Kat Prayukvong, Lesley D. Junlakan, *Muaythai A Living Legacy*, 2001. もムエタイの歴史、技術、儀礼に関して詳しく、前近代ムエタイについての伝説も多く紹介している。

　ムエタイに関する博士論文としては、コーネル大学のPeter Vailによる *Violence and Control : Social and Cultural Dimensions of Boxing in Thailand*, 1998. がある。これは、長期間の参与観察によってムエタイをタイ文化の中で総合的に論じた先見的な研究であり、後の研究に影響を与えている。著者はムエタイの伝説がタイの歴史と文化の中でいかに国家に都合よく創られてきたか述べ、近代ムエタイ成立の背景にあるタイ社会の歴史的変容を論じている。さらに、フィールドワークに基づいて、現在のムエタイ社会を民族誌として描写しているが、その内容は農村の寺祭りや、ムエタイ社会で生きる人々の生活、試合のルール、ギャンブルなどと広範囲に及び、仏教、倫理、男らしさ、神話、政治、暴力、そして階層間移動など、様々な視点からタイ文化の中のムエタイの意味について論じている。

　Peter Vailの論文を基に、近代のタイ社会におけるムエタイの役割について論じたものに、チュラーロンコーン大学の修士論文として提出されたApisake Monthienvienchai, *The Changes in The Role and Significance of Muaythai,1920-2003*,

2004.がある。これは、タイの近代史における「ムエタイの意義と役割」を扱ったもので、タイ近代化においてムエタイは8つの役割を担ったと指摘する。すなわち、護身術、祝賀記念、経済発展、ギャンブル、国民の象徴、国民的な娯楽、観光資源、国際スポーツである。筆者はこの中でギャンブルが最もムエタイの理念と技法の変化に影響を与えたと述べている。

Pattana Kitiarsaはタイ人の文化人類学者で、*Lives of Hunting Dog,* 2003.というムエタイの民族誌を著し、Vail論文を補強している。彼はムエタイから見通せる「男らしさ」について論じているが、ムエタイ選手は知名度をあげて経済的に裕福になってもその社会的な位置は以前と変わらないとも指摘する。

Lois Ann Dortは *Sport, Tradition and Women in Competitive Muaythai,* 2004.をチュラーロンコーン大学の修士論文として提出している。これは、女性とムエタイの問題を扱ったもので、本論文ではタイのナショナリズムと近代ムエタイの理念を考える上で大いに参考になった。

こうした先行研究では、現在のムエタイがギャンブル・スポーツの側面を持っていること、ギャンブルの影響によってムエタイの技法やムエタイファンなどに変化があったとの指摘は見られる。しかし、それは指摘にとどまり、ギャンブル化したムエタイが特有の理念や技法を持ち得た過程については十分に再構成されていない。

本研究のオリジナリティーはここにある。ムエタイがギャンブルの影響によって、いかに変容したか、本研究ではそれを具体的に述べてみたい。

5. 用語の定義

本論文で用いる主要用語は以下のように定義される。
- 伝統ムエタイ＝近代スポーツ化する以前のムエタイ（ムエ・ボラーン）。
- 近代ムエタイ＝グローブを着用しリングで闘うスポーツとなったムエタイ。
- ムエ・カートチュアック＝拳に紐を巻いて闘うムエタイ。
- ギャンブル・ムエタイ＝観客個人対個人（複数を含む）の賭けの対象となるムエタイ。

6. タイ語の表記について

　タイ語のカタカナ表記は、基本的に『タイ事典』(日本タイ学会編、めこん、2009年) の方式にならって、長音・短音を区別し、有気音・無気音の区別はしない。ただし、「ムエタイ」「ラジャダムナン」あるいは有名選手名のように既に一般的になっているカタカナ表記はそのまま使った。

　タイ語のカタカナ表記については、めこんの面川裕香さんのお世話になったところが大きい。謝意を表したい。

第 **1** 章

ムエタイを生んだ国

1-1. タイという国

　タイは、東南アジアに位置する立憲君主制の国である。1932年に絶対王政から立憲君主制に移行してからもなお国王の権力は絶大であり、クーデタや内紛が起きると国王が登場して混乱を平定する場面がしばしば見られる。「民族、仏教、国王」に絶対価値を置く「ラック・タイ」と呼ばれる支配イデオロギーに支えられ、国王は今なお権力の象徴であり、また権力そのものでもある。

　経済的には、1985年がタイ経済の分岐点になったと見る研究者が多い。1985年頃から、比較的政治が安定し、安い労働力を大量に提供できるタイに日本を含め世界中から企業が進出しはじめた。さらに1989年9月のプラザ合意以降の円高やアジアNIES諸国の国際競争力の上昇を反映して、大量の外国資本がタイに流入し、これに伴ってタイの貿易構造や産業構造、さらには就業構造の変化が急速なテンポで進展した。[1]

　そしてタイ人のGNPは、1985年に2万2731バーツであったのが、1996年には2倍以上の5万565バーツになった。この10年間でタイ経済は著しい発展をなしとげた。その後、1997年にアジア経済金融危機に見舞われるが、現在は穏やかな右肩上がりの成長に戻りつつある。[2]

　民族的には、最大多数を占めるタイ族の他に、華人、マレー人、インド人、ラオ族、モン（Mon）族、さらには山岳地帯の少数民族など多くの民族が住んでいる。その中で現在ムエタイの選手が一番多いのはラオ族である。ムエタイの選手には東北タイ（イサーン）の貧しい地方の選手が多く、東北タイはラオ族が大多数を占めているからである。

　宗教に関しては、仏教徒95.01％、イスラム教徒3.83％、キリスト教徒0.54％、ヒンドゥー教徒0.01％、その他0.12％、不明0.49％というように、[3] タイは仏教国として知られるが、タイ国王のみが憲法により「仏教徒であり、諸宗教の擁護者である」と規定されているだけで、国民は法律上、信仰の自由が保障されている。

1　末廣、南原1991, はじめに iii.
2　Phongpaichit, P., Baker, C.1998, p.4.
3　石井1993, iii.

現実には95%の国民が信仰している仏教が国教と呼べるほどの存在感を持っているが、タイ南部の4県、パッタニー、ヤラー、ナラーティワート、サトゥーンはイスラム文化圏であるため、イスラム教徒がほとんどである。その他、タイの各地には様々な精霊を祀るアニミズム信仰が根付いている。ムエタイの儀礼にもその特徴は反映され、「闘いの舞い」などは土地の精霊にリングへの入場の許可を求めるというアニミズム的な儀式と仏教的な呪文を唱える儀式が混合している。

　タイ仏教は、日本の仏教とは異なり、南方上座仏教と呼ばれ、ミャンマー、ラオス、カンボジアなどと同じである。日本のような漢訳経典ではなく「南伝大蔵経」として知られるパーリ語経典に依拠して、出家者は227の戒律を守り、剃髪し、僧衣をまとって生活する。ただし、この厳しい禁欲生活を実践するのは本物の僧侶だけである。特筆すべきは、ほとんどの男子が生涯のうちに短期間出家する「一時出家」の習慣があることで、この場合守るべき戒律はもっと少なく、またいつ還俗（一般人に戻ること）してもかまわない。このようにタイの仏教はプロとアマのような2層構造になっているが、それだけ仏教が入りやすい存在で人々の日常生活やものの考え方に深く浸透しているということが言える。

1-2. 歴代王朝とムエタイ

　タイ族は元来中国南部に居住していたが、様々な要因で南下し、タイに定住するようになったという見解が一般的である。タイ族の発祥地についてはベールに包まれた部分が多い。これは基本的に史料が乏しいからである。その中でも有力な説は、タイ族の先住の地は中国大陸の浙江省北西部あたりであり、その後タイ族は揚子江一帯に移住し、小国家群を構成したのだというものである。[4]

　中国南部から移動してきて現在のタイ国の地に定住したタイ人の最古の王朝は1238年に起こったスコータイ王朝である。スコータイ王国の中心は現在のスコータイのあたりだったが、その領土は現在のタイと同じではなく、ルアンパバーンやビエンチャン（現在は双方ともラオス）も支配下に置いていたが、北部のチェンマイ地方などは領地ではなかった。このスコータイ王朝は、その

4　上東1982, p.12.

版図が現在のタイ王国の領土的基礎になったこと、また、現在のタイの主要民族であるタイ族を上層階級とした国家であったことから、現在のタイという国家の始まりという位置づけがなされている。スコータイ王国のラームカムヘーン大王は「祭事で行なわれるムエタイについては、これを伝統と位置づけ、ギャンブルをしていても税金を徴収することはなかった[5]」と言われている。

　スコータイ王朝が分裂する1350年にアユタヤ王国が起こった。アユタヤ王国は1378年には残存していたスコータイ王国も支配下に治め、1413年にはクメール帝国のアンコールまで征服した。アユタヤ時代の伝説としては、ムエタイ戦士でもあった王のソムデット・プラチャオ・スア（虎王）の物語と、ビルマ軍の戦士を何人も打ち負かしたというナーイ・カノムトムの伝説が残っている[6]。ビルマの侵攻を許した1767年まで、アユタヤ王国は近隣諸国との紛争を繰り返しながら、ポルトガル、スペイン、日本、中国、オランダ、イギリス、フランス等と貿易を行ない、国際都市として繁栄した。日本の武士である山田長政が活躍したのもこのアユタヤ王朝時代の中期である。

　長期政権であったアユタヤがビルマ軍によって陥落した翌年、ビルマ軍との戦闘に参加していたプラヤー・タークシン（華僑名：鄭昭）がビルマ軍に包囲されていたアユタヤを奪回し、1768年にトンブリー王朝を築いた。しかしタークシン王は精神異常という理由から臣下に離反され、信望のあったチャックリー候が王位に推された。タークシンは処刑され、トンブリー王朝は一代で終わった。トンブリー時代には、女子もムエタイをしていたという記録が残っている[7]。この時代のムエタイ伝説は、タークシン王の部下のプラヤー・ピチャイダープハックなるムエタイ戦士の武勇伝である[8]。

　チャックリー王は新首都をトンブリーの対岸のバンコクに定めた。この王朝が現在に至るチャックリー王朝（ラッタナーコーシン王朝）であり、チャックリー王がラーマ1世である。

　ラーマ1世の治世は西欧列強の脅威に東南アジア諸国が怯えた時代であり、この頃にもムエタイでフランス人を打ち負かした軍人の武勇伝がある[9]。

5　National Culture Commission 1997, p.14.
6　Prayukvong, Junlakan, 2001, pp.50-51.
7　Monthienvichienchai 2004, p.45.
8　Prayukvong, Junlakan, 2001, p.52.
9　*Ibid.*, p.53.

タイの近代化は1868年にラーマ5世の即位とともに進められ、1874年には奴隷制が廃止された。ラーマ7世時代の1932年に「6月革命」と呼ばれるクーデタが起こり、タイは専制君主制から立憲君主制に転換した。このクーデタは王制を打倒するものではなく、王制の下で民主政体の樹立をその目的としたものであった。

　当時の国名「シャム」（サイアム）が現在の正式名称「タイ王国（Kingdom of Thailand）」に変わったのは、1939年である。ピブーン首相が提唱した「ラッタ・ニヨム」（愛国信条）の1つとしてこの国名が選ばれた。ピブーン首相は第2次世界大戦中、日本に対して協力的な体制を取り、日・タイ同盟を締結している。ピブーン首相はまた1941年に、現在のムエタイの殿堂とも言うべきラジャダムナン・スタジアムの建設を開始した。それはタイのナショナリズムを鼓吹するためでもあった。現在のスタジアムのオーナー、チャルンポン氏も「ピブーン首相は、ムエタイをタイの文化的な遺産として保存するという目的でラジャダムナン・スタジアムの建設を計画し、タイが国際化していく中で外国人に誇れるタイ文化を鼓舞しようとした」と語る[11]。

　第2次世界大戦終結直前、ピブーン首相は失脚し、日本が無条件降伏すると、新しく政権の座についたプリーディー首相は日・タイ同盟を無効とし、対英・米宣戦布告の無効宣言を行なっている。プリーディー首相らはタイにおける反日的な行動の事例を挙げ、その結果「タイは敗戦国ではない」という立場が確保された。

1-3. 政治権力とムエタイ

　過去の国王の何人かはムエタイの試合の主宰者になってムエタイを奨励したという逸話が残っている。現在のラーマ9世、ポーミポン国王もムエタイやプロボクシングで優秀な成績を修めた選手やオリンピックの金メダリストなどを直接表彰している。

　最近ではムエタイ選手が国王の側近になることはないが、近代以前はムエタイの強豪が国王を警護し近衛兵として活躍していた時代があったという記録が

10　Rajadamnern 2006, p.70.
11　2006年8月20日、ラジャダムナン・スタジアムで。

第1章　ムエタイを生んだ国

1-1　プーミポン国王から表彰されるチャチャイ・チオノイ選手（1973年4月17日）。チャチャイは1960年代から70年代に活躍した名ボクサー。3度世界フライ級の王座に就いた。日本人ボクサーとの対戦も多く、1973年1月2日の大場政夫との死闘はあまりにも有名である。[Rajadamunern 2006]

1-2　日本の格闘技トーナメントS-cupで優勝したブアカーオ選手は、優勝するとすぐに国王の写真を高々と掲げた。応援に来ていたタイ人もタイ国旗を掲げ、高らかにタイ国歌を歌った。（2010年11月23日）

1-3 ムエタイ選手はお世辞にも清潔とは言えないが、部屋の壁には憧れの選手のポスターだけでなく国王、王妃の写真も飾られていた。（キアットプラサーンチャイ・ジム）

残っている。[12]

　なお、国会は上院と下院の2院制で、陸、海、空からなる軍は政治権力も大きく、歴代の首相のほとんどが陸軍最高司令官を経験しているが、ムエタイと軍の関係も深い。ルンピニー・スタジアムなどは、タイの陸軍によって経営されている。またタイの軍人は、公務員でありながらムエタイでのプロ活動が特別に許可されている。地方スタジアムでは軍人がジムのオーナーやプロモーターを兼ねている場合が見られるほどである。[13]

1-4. 貧富の格差

　タイは貧富の格差が大きい国である。実際、タイにある程度に期間暮らせ

12　National Culture Commission 1997, p.16; Prayukvong, Junlakan 2001, p.28.
13　1999年10月6日私が見たコーンケン県のムエタイ興行は軍人主宰であった。2000年6月30日パッタニー県で会ったジムのオーナーも軍人であった。2007年8月24日会ったルークタパカー・ジムのオーナーは、ソウルオリンピックで銅メダル、SEA games（東南アジア競技大会）で金メダルを取った後、タイ国陸軍の中佐になっている。2007年8月24日会ったチャティプロモーター（50歳）は、空軍大佐でありながら、ジムの経営とプロモーターをしていた。

ば、この社会が富裕層と低所得層にはっきり二分されているということを実感する。かつては少数の富裕層と圧倒的多数の低所得層という図式が当てはまったが、1990年代に入って高等教育を受けたホワイトカラーの人々が都市中間層として台頭してきた。彼らをどのように位置づけるかによってタイ社会の構図の描き方は変わってくる。彼らの所得は旧来の低所得層よりはるかに高いので、この中間層も富裕層と見るなら、タイ社会は依然、富裕層と低所得層の2つに分けられると言っていいだろう。

　しかし、タイ社会の格差はこのような所得によるものだけではない。次のように、都市と地方社会の格差も大きいという指摘もある。

　バンコク（クルンテープとも呼ばれる）は、政治、経済、宗教、社会その他あらゆる分野について、タイ全土に君臨しているタイの頭脳であり心臓である。タイ人は、すべて、都市住民たると農民たるとを問わず、バンコクの文化的「優越性」を認めており、都会的、近代的であろうと望む地方の人々は、彼らの行動や服装その他の生活様式一般に関して、少しでもバンコクのそれに近くなろうと努めている。バンコクは地方に住む若者たちの憧れの的であり、タイのファッションは、すべてバンコクが発している。このようにタイ社会では、都市（首都）と地方の間に明らかな上下関係ないし優劣関係が存在するが、同時にバンコクの社会構造自体にも、一種の階級構造が見られる。国王と王族や昔の貴族の子孫からなる「貴族」の階級。政治家、専門職、大企業のリーダーなどからなるエリート集団。商人、中・小企業の人々、ホワイトカラーなどからなる中の上クラス。手工業や熟練労働者などからなる中の下の人々。非熟練労働者、家事労働者、タクシーやトゥクトゥク（自動三輪車）、バイクタクシーの運転手などからなる中の下の人々の5つがこれである。他方、バンコクの住民は主としてタイ族系と華人系からなっているから、バンコクの社会構造を単純化して言えば、5つの階級からなるヨコ軸と2つの民族からなるタテ軸が交差した形をなしていると考えることができるだろう。[14]

　ここで言う「地方」で最も貧しいのが「イサーン」と呼ばれる東北タイである。そして、ムエタイ選手の大多数がこのイサーンの出身なのである。東北タイ人は貧困からムエタイ選手という職業を選ぶ[15]。ムエタイがプロスポーツと

14　綾部、永積1982, p.17.
15　Vail 1998, p.229.

1-4 大通りから小さなソイ（小道）に入ると必ず目にするのが揃いのジャンパーを着たバイクタクシー（モーターサイラップチャーン）の人たちである。東北タイ出身者が多く、子どもの頃にムエタイをやっていたという人もたくさんいた。ムエタイ・ジムを探すのには、彼らに連れて行ってもらうのが一番手っ取り早い方法であった。（バンコク、プラトゥーナム）

して確立してからは、ムエタイ選手はみなタイの地方からやってきており、特に東北タイ出身が多い。[16]

　私は数多くのムエタイ・ジムを訪れたが、バンコク出身の成人したムエタイ選手に出会ったことはない。これらのジムに所属するジムの選手のすべてが地方出身であった。特に多かったのは東北タイであり、続いて南タイであった。

　オーナーが中国人であるチューワッタナ・ジムではタイの様々な地方からの選手が集まっていたが、マーイモンコン・ジム、ルークタパカー・ジムはオーナーが南タイのナコンシータムマラート出身であり、そのルートで全員が南タイの選手であった。ケーオサムリット・ジムはオーナーの出身のチェンマイと夫人出身の南タイ、ナコンシータマラートで少年のムエタイ選手を育成し、成長して強くなるとバンコクに呼び寄せて、試合に出場させていた。地方のムエタイ組織とバンコクのムエタイ組織が緊密に繋がっているのである。

　バンコク市内には少年だけを指導するムエタイ・ジムがあるが、ここにはバ

16　Kitiarsa 2003, p.33.

第 1 章　ムエタイを生んだ国

1-5　ビッグショット・ジム。退職した警察官コーソン氏と子どもたち。近隣のスラムの子どもやトゥクトゥクの運転手の子どもが習いに来ていた。親は子どもに教育としてムエタイを習わせたいと語る。強くなったり、ショーをすればすぐに稼げる世界だからである。

1-6　ムエタイ親子。ムエタイのジムならタイの各地で見られる光景である。(ウボンラーチャータニー、ポーウボン・ジム)

1-7　外国人の多いスクムウィット通りの飲み屋でのチビッコ試合。ちょっとした試合でも小遣いを稼ぐことができる。

ンコクに住む低所得層の子どもたちが集まっていた。バンコク東部にあるビッグショット・ジムはその1つだが、オーナーがレストランを経営し、退職した警察官がムエタイの指導に当たっていた。オーナーはムエタイのジムを持つのが長年の夢で、少年選手たちのファイトマネーではジムの運営はできないが、自分の商売が軌道に乗ったので、「タンブン」（仏教で言う「徳を積む」）のためにムエタイ・ジムを開いたのだと語っていた。

クロントゥーイ・スラムにあるソムブーン・ジムも少年選手だけだが、ここでは港の税務官が指導に当たっており、子どもたちに職業を持たせるためと覚醒剤撲滅のためにムエタイを訓練しているのだと話してくれた。

これらのジムに通う子どもたちの親に話を聞くと、「ムエタイを学んで強い子どもになってもらいたい」「子どもたちに職業を持たせたい」という声が多かった。ムエタイを自立のための教育的な機会であると考えているというのである。

実際、子どもたちはムエタイの試合に出ることによって金銭を得ることができる。ビッグショット・ジムに所属している少年の例では、彼の父親はバイク・タクシーの仕事をしており1日の収入は300バーツから400バーツ前後である

が、15歳の息子は、1ヵ月1回の試合で、小さな興行なら1000バーツ、大きな興行で3000バーツを得ることができると言う。彼らは少年でありながら、プロフェッショナルなムエタイ選手として、家計を十分助ける能力を持っているのだ。

　このように貧しい少年を労働力として商売をするプロモーターは、中国系のタイ人が多かった。タイは中国からの移民が多い国であることはよく知られている。2001年の例だが、ラジャダムナン・スタジアムでは、13人のプロモーター中7人が中国人であり、残りの5人が中国人との混血、1人だけが純粋なタイ人であった。ほとんど中国系ということである。彼ら少数の中国人が地方の低所得層のムエタイ選手を労働力として使っているという構図である。

●ラジャダムナン・スタジアムの組織図[17]

チャルンポン・チオサクン総支配人	
シーラデート・スアンナコン支配人	
プライ・パンヤーラック事務局長	

（プロモーター）〈通称で記載〉

アンモー	華人
オーイ	華人
コンスーイ	華人
ロンチャワップ	華人
オートゥー	華人
シンノーイ	華人
スィアダム	華人
チェメー	華人系
ギントーン	華人系
ブム	華人系
ソンチャイ・ラッタナスバン	華人系
ペットノーイ	華人系
ワンパデット	タイ人

17　*Monthly Muaythai*, 2001.6. スタジアムとの契約変動が大きいので、現在はこのとおりではないと思われる。またプロモーターは自分のジムを所有していることが多い。

1-5. タイ人の価値観

　ムエタイの選手はタイの地方の低所得層の出身者であることを述べたが、ムエタイ・ファンはどのような人たちなのか。

　私は、大学生やホワイトカラーと呼ばれる人たちでムエタイに強い興味を示す人に出会ったことがない。私は、1999年5月から2年間、タイ国立カセサート大学に留学していたが、大学生の間でムエタイの話を聞いたことは少なかった。私がムエタイを研究しているということはみんなに言ってあったが、私の方から積極的にムエタイのことを聞き出さない限り、ムエタイが話題になることはなかった。

　カセサート大学人文社会学部日本語学科に在籍する学生16名にムエタイを好きであるかと質問したところ、1人の男子学生のみ好きだと答えた。しかし、スタジアムには行ったことがないと言う。テレビで見るだけであり、それも時々父親がテレビでムエタイを見る時に一緒に見るだけで、自分からは好んで見ることはないと言うのだ。

　また、カセサート大学で文化人類学を研究するアムポン教授（53歳、女性）は、「ムエタイはテレビのCMで見たことはありますが、試合自体はテレビでも見たことがありません」と言っていた。

　結局、私は2年間の留学生生活で、大学生やホワイトカラーでムエタイに強い興味を持つタイ人にはひとりも出会わなかった。ムエタイの熱烈な支持者は、ホワイトカラーのような高等教育を受けたエリートではなく、日雇い労働者や運転手のようなブルーカラーと呼ばれる人々であった。

　1999年8月28日、私は、テレビ局主催のムエタイの興行に出場した。土曜日の午後12時からの視聴率の高い時間帯で、相手は「オカマのボクサー」として有名だったノントゥム・パリンヤーだった。パリンヤーは後に「ビューティフルボクサー」という映画の題材になったほど強い選手だった。

　私のリングネームは「サムライ・モー・カセサート」であり、日本からムエタイの研究に来た大学院生として宣伝された。試合はパリンヤーのほうが圧倒的に強く、私はKO負けを喫するのだが（試合の経緯はフィールドノートに述べる）、「タイのオカマ対日本のサムライ」の試合は、翌日のスポーツ誌やムエ

タイ新聞に大きく紹介された。

　しかし、次の日、大学へ行っても、カセサートの大学生たちは、私が昨日テレビマッチでムエタイの試合をした日本人であったとは、誰も気付かなかった。誰ひとりとしてムエタイのテレビマッチに興味を示さなかったのである。

　しかしながら、一歩校門の外に出ると、バスに乗ってもタクシーに乗っても、「君は昨日オカマに負けたサムライ選手だね？」と声をかけられた。さらには、カセサート大学の校門前でたむろしているバイクタクシーの10数人の若者たちからは、身振りをまじえながら「お前の弱点はここだからこうしろ」とムエタイの技を教えられた。彼らはいわゆる日雇いで、働いた分だけ収入を得て生活している。全員、東北タイのローイエット[18]からの出稼ぎ者であり、ムエタイの経験者が幾人かいた。彼らはムエタイ興行の情報に詳しく、選手の特徴などもよく知っていた。私は、彼らからムエタイの情報や近くにあるムエタイのジムの場所を教えてもらうことができた。

　この経験は強い印象を残した。ホワイトカラーやエリートがまったくムエタイに興味を示さないこと、ムエタイのファンは低所得者層であることを私は身をもって知ったのである。

　ホワイトカラーはなぜムエタイに興味を示さないのか。

　タイ社会の価値序列について、カセサート大学のパイトゥーン・クルアケーウ教授は、彼の著作『タイ社会の形態と価値観の根底』の中で次のように述べている。これは20年以上前の研究であるが、現在のタイの若者もこれに近い価値観を有していると見られるために引用する。

① チャオナーイになること
② 度量が大きく気前が良いこと
③ 仏教心にあつく、慈悲深いこと
④ 年長者を尊敬すること
⑤ 恩義をわきまえていること
⑥ 人妻、未婚の女性婦人と密通しないこと
⑦ 僧侶あるいは修道僧と恋をもて遊び、仏教を堕落せしめるようなことをしないこと

18　ローイエット県は貧しい東北タイの代名詞のように言われており、バンコクのタクシー運転手にはこの県の出身者が圧倒的に多い。

⑧ 寺に入って仏道を学び、宗教的知識を持っていること
⑨ 博識であること
⑩ 勤勉であること
⑪ 賭け事をしないこと[19]

①の「チャオナーイ」とは、高級官吏、高級軍人で、富裕で支配者階級であることを指している。つまり被支配者、労働者階級ではないということである。
⑪にあげられた「賭け事をしないこと」がチャオナーイというタイ人エリートの基準になっているとすれば、ギャンブルをする人間は、「理想の人物ではない」ということになる。しかしながら、ムエタイは、ギャンブルとは切り離せない娯楽として存在している。
タイ人の「金持ちの好むスポーツは、西洋型である[20]」という。私が留学したカセサート大学では、運動部のほとんどが娯楽傾向のある部活動であって、厳しい訓練やしごきのある部活動は目にすることがなかった。テニス、バスケットボール、サッカーなどが盛んな部活動であったが、私から見て、日本における大学の体育会のような練習量や勝敗に対する意気込みは感じられなかった。
カセサート大学にも、ムエタイ部はないが、ボクシング部が学校認定の部活動として存在した。ムエタイ部ではなくボクシング部であることが、カセサート大学もまた「西洋型」志向であることを示している。
しかしながら、カセサート大学のボクシング部に所属する選手たちは大学からアマチュアボクシングを始めたのではなく、全員が元プロのムエタイ選手なのである。
例えば、高校時代にルンピニー・スタジアムのチャンピオンになった学生やランキング1位まで登りつめた選手が推薦入学でカセサート大学の教育学部体育学科に入学し、アマチュアボクシングでオリンピックを目指していた[21]。彼らは、「アマチュアボクシングの成績を残すために特別な推薦制度で大学に入学してきた」と語っていた。アトランタ・オリンピックで金メダルを取得したソムラック・カムシン選手も元プロムエタイ選手で、カセサート大学に入学し、

19　田中1981, p.72.
20　松下1995, p.179.
21　ルンピニー・スタジアム、元フライ級チャンピオン、ペットモンコン、同スタジアム、スーパーバンタム級1位、スーパーボーイ・ラクジョアーなど。

第1章　ムエタイを生んだ国

1-8　私はタイ人の大学生でムエタイの熱烈なファンに出会ったことがない。「ムエタイは教養のない人がするんだよ」というのが、バンコクの有名国立大学の学生の評価である。国立タムマサート大学にはムエタイ部が存在するが、外国人留学生が主力メンバーで30人ほどがワイワイ楽しくやっている。(2011年2月28日)

1-9　アトランタ・オリンピックのボクシングで金メダルを取り、国民的なヒーローになったソムラック・カムシン選手。彼は幼い頃からムエタイを職業とし、カセサート大学にボクシングの特待生として進学するも中退。軍に入りながらボクシングに磨きをかけて、オリンピックに出場した。現在はムエタイ・ジムや焼き肉チェーン店を経営し、タレントとしても有名になった。

アマチュアボクシング部に所属していたが、中退し、軍人を続けながらアマチュアボクシングを続けた。そしてついにオリンピックで金メダルを獲得し、国王やタイのスポーツ協会から多大な報奨金を得ることができたのである。

　タイ人の価値序列のトップがチャオナーイになることであると述べたが、チャオナーイは自ら手を汚すことをしない。人に命じ、人を動かすのがチャオナーイのあるべき姿だ。苦しい訓練を必要とし、ギャンブラーから賭けの対象にされるムエタイ選手は、チャオナーイという理想像から最も遠くかけ離れた存在なのである。

　Pattana Kitiarsaの *Lives of Hunting Dogs* は、ムエタイ選手は飼い主に忠実な猟犬であるという捉え方でムエタイ選手の人生を綴っている。ムエタイ選手は、どれだけ富と名声を得ても、養われているという事実は変わらないのである。チャオナーイを目指しているエリートや富裕階級にとって、ムエタイ選手はいくら金銭的に裕福であっても、あこがれの存在とはなりえない。

　ムエタイ・ファンが低所得層で、エリートや富裕層は興味を示さないということの背景には、このように、タイ人の価値観という奥深い問題が存在するのだ。

第1章 ムエタイを生んだ国

▶▶▶ フィールドノートから

ノントゥム・パリンヤーと闘う　【1999年8月28日】

オカマボクサー、ノントゥム・パリンヤー vs サムライ・モー・カセサート
チャンネル3
オームノイ・スタジアム

　タイの大学に留学をして2ヵ月が経過した頃、片言のタイ語も話せるようになり、なんとかカセサート大学のボクシング部の練習もついていけるようになってきた。その頃、留学してから色々と生活の面倒を見てくれるバンコク在住の日本人Sさんから電話があった。

Sさん「菱田君、そろそろタイも慣れた頃だから試合やりなよ」
菱田「えっ！もうですか？　ムエタイは5ラウンドでしょ？　自分はまだ日本で3ラウンドしか経験していませんからできませんよ。ムエタイは肘打ちもあるし怖いですよ」
Sさん「大丈夫、なんでも経験だよ。心配するなよ」
菱田「わかりました。それじゃ絶対にセコンドやってくださいね」
Sさん「わかったよ。じゃあ試合組んじゃうよ」
菱田「はい。お願いします」
Sさん「相手はワイドショーで有名になったオカマボクサーね。知っている？オマケにテレビ放送もするからしっかり練習しなきゃね」
菱田「え！　あんな強い人ですか？　すごい有名じゃないですか…。おまけにテレビなんて本当に怖いですよ…」
Sさん「大丈夫！　何でも経験だよ。日本じゃあんな有名選手とのマッチメイクなんてやってもらえないんだから、チャンスだと思ってやらなきゃいけないよ。テレビも度胸つけなきゃプロじゃないよ」
菱田「わかりました。やってみます。じゃあ契約体重64キロでお願いします。」
Sさん「わかったよ。じゃあ先方と話しつけるね」
菱田「がんばります。練習にも付き合って下さいね」

Sさん「はい、がんばりましょう」

　このような流れで試合が決定した。私は本当に試合が怖かった。朝、5時半に起きると、6時からボクシング部の朝練習に参加し、大学院の授業が終わる頃にはすぐにボクシング部に直行して練習と減量に明け暮れた。練習が終わるとすぐにSさんに電話して色んなアドバイスを受けた。Sさんはムエタイの特徴を細かに説明してくれた。本当にありがたい存在だった。とにかく、試合が怖くてしかたない気の弱い自分だった。

　さて、試合前日である。Sさんが大学に迎えに来てくださり、試合会場であるオームノイ・スタジアムの近所の安宿に泊まることになった。プロモーターの仲介をしたムエタイ・ジムの会長のはからいであるという。前日泊にするのは、当日の計量の時間が朝6時からだからである。1人で泊まるのは心細いので、Sさんも一緒に泊まってもらうことにした。しかし、その会長さんが用意してくれたのは、タイ版ラブホテルみたいな連れ込み宿であった。いくらダブルベッドの大きなベッドでも男と一緒に泊まるのはちょっと…と思ったが、Sさんと話しこんでいるうちに時間はどんどん過ぎていった。

　夜中の1時を回り、そろそろ寝ようと思ったところに会長が帰ってきた。会長はなんだかお酒臭い…。「友達と飲んできたよ！」と言ってバタンとベッドで横になったら、私とSさんの間

1-10　ノントゥム・パリンヤー

第1章　ムエタイを生んだ国

でグウグウといびきをかいて眠ってしまった。
菱田「アチャー、困った。試合をするのは僕なのに、会長ったらベッドの真ん中で寝てしまったよ…」
Sさん「仕方ないよ。我慢して寝よう」
　こうして、3人で川の字になってラブホテルのベッドに寝ることになった。しかし、私は目をつむっただけで朝を迎えることになった。眠い目をこすって計量に出かけた。さすがにテレビマッチだけあってマスコミやテレビ局も来ている。目の前にいたのは、まぎれもなくノントゥム・パリンヤーであった。女装をし、化粧をして、マネージャーのような女の人と一緒に来ていた。しかし、なんだかでかいなぁ。本当に自分と同じ体重なんだろうか…。相手はオカマといえども、歴戦のツワモノである。自分より大きく見えるということは気おくれしている証拠である。しっかりしなきゃ…と気合を入れなおした。
　計量の順番が私たちのペアにまわってきた。「サムライ64.2キロ、ノントゥム69.8」と審判のおじさんがごく普通に読み上げた。「ええっ？　真面目に？　契約体重64キロだよ！」。私は200グラムのオーバーなので縄跳び3分すればすぐに落ちるが、5.8キロもオーバーしているなんて、いくらタイ人でもなかなか落ちんでしょ…そう思った。
　ノントゥムと計量のおじさん、私の目があった。「体重、マイペンライね？大丈夫よね？」。うん？　なんだろう？　どういう意味だろう？　しかし、すぐにわかった。ノントゥムは、全然、減量などしてこなかった。おまけに弱い日本人相手に練習もしてこなかったのだ。体重を落とさないけども試合はしようね、ファイトマネーもあるんだからね、ということであった。しかし、日本であれば、約5キロもの体重の違いで試合するなんてまったくありえない話であった。

プロモーター「テレビマッチに穴を開けることなんてできないんだよ」
ノントゥム「へっちゃらよ。手加減してあげるからそんなに怖がらないで!!その代わりに肘うちは使わないであげるわ」
サムライ（菱田）「困ったなぁ。しかし臆病だと思われるのは悔やしいな」
Sさん「サムライ君、日本と違うんだよ。別に興行に穴を開けてもかまわないから無理をするなよ」（私のことを心配したSさんは、自分の立場がムエタイ

界において悪くなるのも構わずに、試合を止めようとしたのである）
サムライ「やりますよ。ここでビビッたらムエタイの研究なんてできません。その代わりに、もう駄目だというところまでボコボコにされたら、タオルを投げ入れて助けて下さい」
Sさん「わかった。やるだけやってみよう」
興行関係者「第6試合だよ。では、11時頃に会場入りしてください」
サムライ「わかりました。遅れないように来ます」

　このような流れで試合をすることに決定し、私は試合が始まるまでに仮眠を取るために怪しげなホテルに帰っていった。
　休憩をとった後、会場に戻ると、興行関係者が必死の形相で歩み寄ってきた。
興行関係者「サムライ、急げ!!　試合の順番が変わった。あと20分でサムライとノントゥムの試合の放送を始める。急げ、着替えろ!!」
サムライ「ええっ？　何で？」
（私が意味がわからなくて困惑していると）
Sさん「仕方ないよ。タイでは順番変わることもよくあるし、とにかく着替えないと」
（とりあえず、バンテージを巻いて、ムエタイのトランクスを履いてガウンを着た）
サムライ「バンテージの上にテーピングしないの？」
興行関係者「そんな時間あるか!!!　ウォーミングアップもワイクルーでしろ」
（柔軟体操する暇もないのか!!!　すぐに自分の順番が来てしまうぞ）

　リングでは、ノントゥムがサーオノーイ・プラペン（少女がお化粧をする舞い）というワイクルーを見せている。この舞いはノントゥムのセールスポイントでもあるので、観客も沸いている。私はガチガチに緊張して習ったばかりのワイクルーを舞い、最後には相手を刀で斬るゼスチャーをしていちおうやる気を見せた。

　1Rが始まった。ノントゥムは軽く蹴りを見せただけで、激しい攻撃はしてこなかった。2Rが始まっても、同じように、観客へのアピールだけで、攻撃らしい攻撃をしない。ここまではムエタイのセオリーに近い。

第1章　ムエタイを生んだ国

1-11　1・2ラウンドは軽く蹴ってきたが…。（チャンネル3のテレビの画面から。写真提供：青島律氏）

1-12　3ラウンドから猛烈な膝蹴りの連打を叩き込まれる。（同上）

1-13 試合翌日のムエタイ新聞「ムエ・サヤーム」の一面。「日本人は泣く、ノントゥムはルール違反」という見出しで試合の結果が大きく掲載された。

1-14 『拳から学んだこと』というパリンヤーの自伝。ムエタイを始めてからオカマボクサーとして有名になるまでの半生が書かれている。

　しかし、やはり3Rから猛攻が始まった。体重差のある激しい攻撃が自分を襲ってくる。私はもう駄目だと思いながら必死に耐え忍んだ。
　4Rになると、その倍の攻撃だった。しかも、計量の時には体重差を考えて肘打ちはしないと言ったのに、あの約束はどこへいっちゃったのか、肘打ちがガンガン飛んでくる。おっかない…。さらに、今度は体重差のある膝蹴りが自分を襲いはじめた。何十発もの連打を腹にもらって意識が飛ぶようなものすごい膝蹴りだった。私は身体よりも心の方が折れてしまった。膝から崩れ落ちた時、レフェリーがノントゥムと私の間に割って入ってきた。レフェリーストップである。私がノントゥムにもうこれ以上太刀打ちできないという判断だった。ムエタイでは実力差があるとミスマッチとして試合を止めるが、この時もすぐに試合続行不可能を告げられた。

　この試合は、タイのオカマ対日本のサムライというユニークな組み合わせだったので、エンターテイメントとしては成功だったのであろう。試合のあと私はあちこちで声をかけられた。タクシーやトゥクトゥクの運転手には「サムライさん、弱いね。ぜんぜんムエタイの技術がない」などと言われた。しかし、大学ではまったく話題にならなかった。学生も先生も誰も試合を見ていなかったのである。

第**2**章

タイ人と
ギャンブル

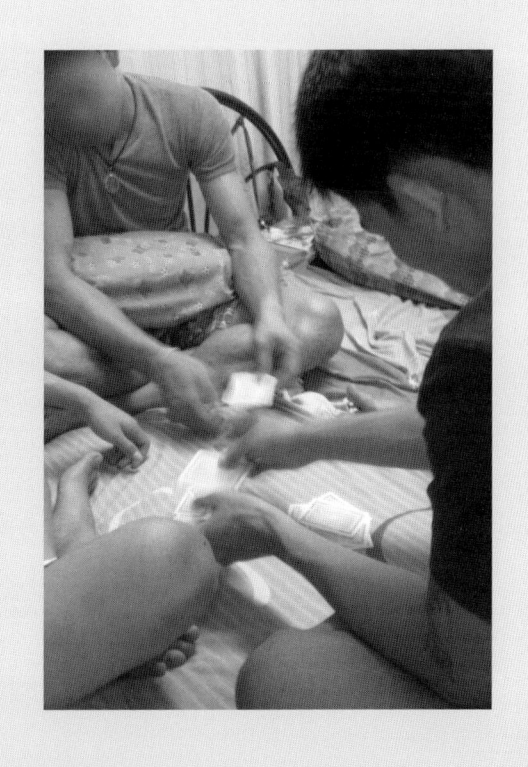

2-1. ギャンブル好き

　タイ人とギャンブルは切り離せないものである。タイ人がスポーツ観戦をしている所では、必ずと言ってよいほどギャンブルをしているのを見かける。スチットウォンテートという学者は、タイ人にとってスポーツとギャンブルが切り離せない状態にあることを以下のように説明している。

　タイでは競技とギャンブルは不可分である。勝敗を決するところに、ギャンブルがある。国王が儀式として行なった運勢を占う競艇も、両岸の見物客にとってもギャンブルの材料であった。「シャム（タイ）人の博打好きは自分の身や妻子も賭け、負けると奴隷になるものも現れるほど」と書いたのは17世紀末にアユタヤを訪問したフランス人神父ド・ラ・ルベールであった。同じ頃の韻文学『サムタコート・カムチャン』には、頭突き競技、闘牛が登場するが、必ずギャンブルがついている。全国的に知られた民話『シータノンチャイ』の主人公も博打で死んでしまう。

　闘鶏は古くからあるギャンブルで、日本の軍鶏（シャモ）という呼び名は江戸時代にこの鶏がシャム（タイ）から闘鶏用に輸入されたことから付けられた。他に闘魚も盛んである。しかし、ギャンブル行為に対して政府の取り締まりは厳しく、政府公認の賭け事はバンコク市内の競馬ぐらいだ。マージャン、トランプ、闘鶏はギャンブル行為とみなされ、許可を受け納税しなければならない。しかし実際には、ボクシング、ゴルフ、ボウリングなどの競技にも賭けがなければ面白くないというのがタイ人の思いである。[1]

　ムエタイには必ずギャンブルが伴うが、最近ではサッカーのテレビ中継を見ながらギャンブルをしているのをよく見かける。私が留学していたカセサート大学の寮でも、サッカー中継が行なわれていると、学生たちが歓声を上げてサッカー賭博に興じていた。ムエタイのスタジアムでも、ムエタイではなくイギリスで行なわれているサッカーの衛星放送の情報を聞きながらサッカー賭博に興じているギャンブラーたちをよく見かけた。しかし、このサッカー賭博は違法である。タイでは2006年に行なわれたワールドカップサッカーでは約1600人

1　石井1993, p.239.

の逮捕者を出している。

　1935年に、政府公認の競馬を除くすべてのギャンブルが禁止されているが、実は1日を超えない興行で許可証を警察から発行されている場合には例外的に認められる。

　さらに、ムエタイの殿堂とも言うべきルンピニー・スタジアムとラジャダムナン・スタジアムは例外的に合法ギャンブル場として認められている。ムエタイ・スタジアムでのギャンブルについては第6章で詳しく述べるが、とにかく政府の特別な許可で合法化されているのである。そして、違法なギャンブルもタイでは非常に種類が多く、闇に隠れて盛んに行なわれている。

　Guns Girls Gambling Ganja というタイの違法ギャンブルを研究した本には、タイの違法な経済収入はGDPの8%～13%と同程度であり、これらの大部分を占めるのは、売春に続いて、ギャンブル（カジノ、地下組織の宝くじ、サッカー賭博）であると述べられている。以下に合法、違法含めてムエタイを除くタイの代表的なギャンブルの種類をあげる。

① 闘鶏（登録制合法）
② 宝くじ（合法と違法）
③ カジノ（違法）
④ サッカー賭博（国内では違法）
⑤ ボートレース（祭りの時は合法）
⑥ 競馬（バンコク市内で許可されたものは合法）
⑦ 闘魚（登録制合法）
⑧ 闘虫（コオロギやカブトムシ）（登録制合法）

2-1　闘鶏の練習（カンチャナブリー）

2　*Peoples daily*, 2006, July, 13.
3　Phongpaichit, Priyaransan, Treerat 1998, p.216.
4　ルンピニー・スタジアムがタイ陸軍の経営であり、ラジャダムナン・スタジアムは王室の関連会社の経営である。
5　Phongpaichit, Priyaransan, Treerat 1998, p.258.

2-2 闘鶏雑誌『カイ・チョン＆カイ・プーム・ムアン』。タイには闘鶏専門の雑誌がたくさんあるり、育て方や交尾のさせ方、強い闘鶏を育てるための極意などが書かれている。

2-3 スタジアムでビッグマッチがあると、試合後に宝くじ売りのおばさんたちがずらりと並ぶ。ギャンブラーは、ついている日、儲けた日には、更に幸運に乗るために宝くじを買うのである。ムエタイ・ギャンブラーの賭け好きは筋金入りである。

2-4 某ジムで早朝6時から行なわれる闘魚賭博。週に3回、近隣に住む闘魚マニアが集まり、賭場が開かれる。この闘魚賭博は気の長い人向きのギャンブルである。ムエタイとは全く違うギャンブルであり、静かな興奮がある。

第 2 章　タイ人とギャンブル　　　　　　　　　　　　　　　　　　　　　　45

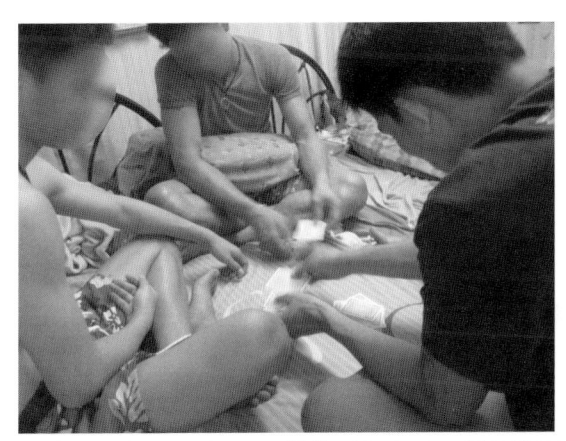

2-5　某ジムで練習の合間に行なわれていたトランプ賭博。1回で20バーツ（約60円）ほどの賭け金であるが、午後から始まる練習の前にはいつものように行なわれていた。タイ人のギャンブル好きを実感させられる。

2-6　ギャンブルは違法でも堂々とタイのスポーツ新聞に掲載されるサッカー賭博予想表。

2-2. 法律の柔軟性

　タイでよく言われる言葉に「ターン・サーイ・クラン（ほどほどに）」というのがある。これは、厳しすぎても良くなく、ゆるすぎても使えないという意味で、何事も真ん中あたりの適当なところが一番良いとされている。ギャンブルに関する法律もこの「適当」の観念が基礎にあるようで、かなりの「柔軟性」が存在するのである。

　特にムエタイについては、ルンピニーとラジャダムナンの2大スタジアム内でのギャンブルは合法であるし、それ以外でも許可を得れば問題はない。ムエタイのリングを設営し、テントを張り、赤と青のグローブを用意するだけでなく、ムエタイ・ギャンブルの許可証までレンタルする商人すらいる[6]。このように、税金を支払ってライセンスを取得し、簡単にギャンブル場を経営できるというシステムが存在するのは、まさにタイの法律の柔軟性である。

　前述したように、スコータイ時代のラームカムヘーン大王も祭りで行なわれるムエタイは賭け事として見なさず、伝統と位置づけて、税金を徴収することはなかったとされる[7]。おそらくこれを先例として、伝統的にムエタイ・ギャンブルに関する規制は厳しくなかったのだろう。

　法律上、ギャンブルが許されているのはスタジアムの内部だけで、スタジアムの外では違法だが、現実にはムエタイ・スタジアムの外部でもラジオやテレビを視聴しながらムエタイ・ギャンブルを行なっているし、スタジアムに来ることのできない地方都市などでは、Boxing Room（タイ語でホーン・ドゥー・ムエ＝ムエタイを見る部屋）と呼ばれる、テレビとひな壇状の座席があるギャンブラーだけを集める店も存在する[8]。ここはスタジアムではないので違法であるが、店主に話を聞くと、警察にお咎めを受けたことは一度もないという。店主は、私的な管理費を警察に支払っているが、支払っていない場合でも、ムエタイ・ギャンブルでは警察の厄介になることはないと言っていた。

　東北タイのルーイ県のチェンカンの村で聞いた話では、いつも土曜の正午に

6　Vail 1998, p.125
7　National Culture Commission 1997, p.14
8　104ページ参照。第6章「ギャンブル・ムエタイ」で詳しく述べる。

なるとチャンネル3のムエタイ・テレビ放送を見てギャンブルをするために、村人はギャンブル好きの集まる家に集合するということだった。しかし、毎週決まったメンバーで集まるが、この村では、ムエタイ・ギャンブルで逮捕されたことは一度もないという。賭け自体が小額の20バーツ（約60円）程度のものであるが、同じような小額でサイコロギャンブルをしていたら、密告により1人2000バーツ（約6000円）の罰金を課された例があったという。

ムエタイのギャンブルは、伝統であるということだけではなく、興行が軍人や権力者によるものが多いことも目こぼしにあずかる理由である。タイでは法律よりも権力者の意向のほうが強いとよく言われる。さらに、この村では、葬式の時などにサイコロギャンブルが行なわれて、その収益金の一部を喪主に寄付するということがあるが、このような時もギャンブルの許可を取らなくても警察は黙認しているという。

2-3.仏教とギャンブル

タイの仏教はギャンブルに対して比較的寛大であると見られる。谷岡一郎・中村祥一編著『ギャンブルの社会学』には「仏教の古来の聖典の中には、ギャンブルについて書かれたものがいくつか存在するが、厳格に禁止したものは（たぶん）ない。したがって禁止されるか否かは、宗派の考え方によるところが大きい」[9]と述べられている。

ムエタイについてもスコータイ時代からギャンブルを伴ってきたと言われる[10]。タイの仏教はムエタイ・ギャンブルを容認してきたと考えてもいいのかもしれない。現在でも、僧にギャンブルを咎められたという話は聞かない。それどころか、宝くじの当たり番号（の予測やヒント）を有名な僧に聞きに行くという話はいやというほど聞く。法的なことは別として、タイ人の意識の中で宝くじとギャンブルの線引きが明確になされているとは思えない。

しかし、ムスリムのムエタイ選手が出場する南タイのスンガイコーロックではムエタイ・ギャンブルを目にすることはできなかった。スンガイコーロックはタイの国土なのだから、ムエタイ興行の許可証が警察から発行されれば、公

---

9 谷岡・中村1997, p.82.
10 National Culture Commission 1997, p.14.

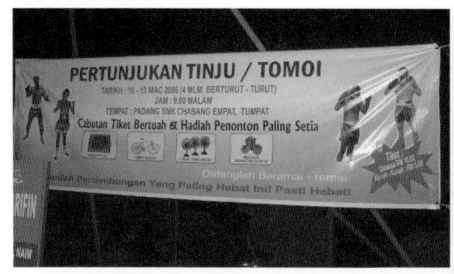

2-7 トモイ（2006年3月26日、コタバル）

2-8 トモイ（同上）

然とギャンブルができる。しかし、少なくとも私はムエタイ・ギャンブルを目にすることはできなかった。

　マレーシアではトモイ（Tomoi）と呼ばれるマレーシア式のムエタイが行なわれている。ルールはタイで行なわれているムエタイとほぼ同じであったが、[11]ギャンブルは認められてはいなかった。イスラム教ではギャンブルを罪悪としている。前掲『ギャンブルの社会学』によれば、コーランの第5章90節に次の言葉がある。「酒、賭矢、偶像、矢占いどれもいとうべきであり、サタンのわざである。それゆえ、これを避けよ[12]」。

　このようにギャンブルに対して厳しい立場をとるイスラム教では「ギャンブラーたちを集めるためのムエタイ興行」を行なうことはできないため、マレーシアでは多分にショー的な要素が見られた。ルールは、判定での勝敗がなく、相手を倒せなければすべて引き分けになるように規定されていた。ギャンブルが行なわれていないので、勝ち負けよりもショーとしての楽しさを優先しているように思えた。

　このようにイスラム教と仏教を比較すると、ギャンブルという興奮を誘発する道具[13]を持ち込みやすいのは仏教であり、そこで、タイの仏教はギャンブルに関して寛大であるという見方をすることができる。

11　2006年3月26日マレーシアのコタバルで見た興行では、ムエタイと同様にグローブを着け、ルールもほぼ同じだった。ただし、ビギナーが3 ラウンド、エキスパートが5ラウンドで、ムエタイと異なり、また選手の入場時に音楽が流され、会場を盛り上げるために実況アナウンスを行なっていたのがムエタイと違っていた。タイでのムエワット(寺祭りでのムエタイ)と同じようなお祭の雰囲気がある。ギャンブルは、目にすることができなかった。
12　谷岡、中村 1997, p.82.

タイ人は仏教で言う業（カルマ）を信じているので、良いことをすれば良いことが起き、悪いことをすれば悪いことが起きると考える。これは輪廻転生（生まれ変わり）と同じであり、前世で良いことをしていれば現世では良い人生が送れ、前世で悪いことをしていれば現世で悪い人生になってしまうという考え方である。

　私の友人のムエタイ選手が「試合の前にワット・ラカン（鐘の寺）に行き、タンブンしたい（徳を積みたい）」と言った。この寺は、スズメや亀、小魚をあらかじめ捕まえておき、参拝者にこれらの動物を売る。そして参拝者は、それを空や川に逃がしてやる。捕らえられている動物を逃がしてやることで徳を積むことになるのである。彼は、こうして徳を積めば良いことが返ってくる、つまり試合に勝てると言うのだ。ちょっと都合のいい解釈だという気もするが、これも仏教の宇宙観である。

　宝くじを売っている人には目の見えない人や身体の不自由な人が多い。このような人から宝くじを買ってあげるのとも徳を積むことになると考えられている。**第1章1-5.タイ人の価値観**で述べたように、タイ人はギャンブルを徳のある人間のすべきことではないと考えている反面、たとえギャンブルによって得られた金銭でも、人助けに使うのならそれでいいと考えているように見受けられる。

　このように、タイ人の日常生活はなにごとにも仏教の教えが反映されている。日本人からすると牽強付会と思えることもあるが、おそらくその浸透度は我々の想像以上のものがあるのだろう。その仏教が比較的ギャンブルに寛容だということは、少なくとも仏教はタイ人のギャンブル好きの歯止めにはなっていないということだろう。

　なお、本項ではムエタイのギャンブルとしての側面と仏教の関係についてのみ考察した。ムエタイの儀礼的側面と仏教徒の関係、ムエタイの仏教的装備などについては第7章で詳述する。

13　井上、亀山 1999, p.183.

第 2 章　タイ人とギャンブル

▶▶▶ フィールドノートから

魚を逃がして徳を積む　【2011年3月14日】

　チャオプラヤー川のほとりにあるワット・ラカンという寺院で魚や亀を逃がすタイ人のカップルに出会った。「徳を積むために魚や亀を逃がしに来たのよ」と言う。徳を積んだらすぐに宝くじを買うつもりらしい。良いことをすれば、良いことが起きると信じているのだ。

　店の女の子は私に「あなたは火曜日に生まれているので8匹の亀を買って逃がしなさい」と言う。亀の値段は高い。1匹80バーツ（約240円）もする。8匹も買う余裕なんてない。そうしたら、店の子の女の子は、「安いドジョウとかを混ぜて8匹にしたらいいですよ」と言ってくれた。

2-9　チャオプラヤー川に魚や亀を流して徳を積んだカップル。

2-10　亀のほうが魚より高い。高い徳がたくさん積めるのか？

2-11　ワット・ラカンに並ぶ宝くじ売りのおばさんたち。魚や亀を逃がして徳を積んだ人が買って行く。「徳を積んだらラッキーなことが起きる」そう信じているのだろうか。

第3章

前近代ムエタイ 1

3-1. ムエタイの発生——武術としてのムエタイ

　Panya Kraitusは、ムエタイの発生と伝承を以下のように説明している。

　スコータイ時代（1238〜1377年）のムエタイは、マーイシーソーク（肘を使う武術）と呼ばれ、アユタヤ時代（1350〜1767年）からラッタナコーシン時代（1782年〜現在）初期にかけて、パーフユット（嵐の属性を持つ拳法）[1]と呼ばれるようになり、後にムエタイ（Muay Tai＝タイ族の拳法）と呼ばれるようになり、ラッタナコーシン中期になって、国名がシャムからタイへ変わった後は、ムエタイ（Muay Thai＝タイ国の拳法）と呼ばれるようになった。[2]

　ムエタイの歴史に関する資料のほとんどは度重なるビルマとの戦争により焼失している。また、外部の者に知られないようにするため、ムエタイは書伝ではなく口伝で伝えられてきたため、技法についての書物もあまり残っていない。

　タイ族前史時代とスコータイ時代は戦国時代で、同じタイ族の間でも紛争が絶えず、各地で戦いがあった。スコータイ時代の末期、アユタヤがスコータイの土地を奪うため戦争を仕掛けていた約6年間に多くの死傷者が出た。その頃から、軍人だけでなく民間人にも自己防衛手段としてムエタイが練習され始めた。軍隊においては、当時の戦術が白兵戦を主要なものとしていたため、接近戦のためにムエタイの技術が訓練されていた。相手が武器を持っている場合は、手より長い足が有利なために蹴り技が訓練されていた。[3]

　初代ルンピニー・スタジアム支配人ケート・シーヤパイは*Fah Muang Thai*（ファームアンタイ＝タイの空）という雑誌にムエタイの訓練の様子を書いている。

　「スコータイ時代、成人する前に男子は、勇敢な戦士に成長するためにムエタイやクラビー・クラボン[4]を寺院で練習していた。寺院は、知識を与え、身体を鍛える、人々の生活の中心となる所で、一般人だけでなく、役人も学習する所であった。教師は寺の僧や役人、そして知識人とされる者だった」[5]

---

1 「素手武術」と訳されることもある。
2 Kraitus 1988.
3 National Culture Commission 1997, p.10.
4 クラビー・クラボンは剣や棒を使うタイの武術。
5 National Culture Commission 1997, p.13.

第 3 章　前近代ムエタイ 1

　ムエタイの発生は、タイでは一般に、スコータイ時代の戦時における軍事訓練からだと言われているが、はっきりしたことはわかっていない。ムエタイの研究者 Peter Vail は、ムエタイが軍事訓練に用いられていたというのはもっともらしい見解ではあるが、それを裏付けるような根拠はなく、推測の域を出ないと述べている。[6]

　確かに近代的な銃のない時代の戦争の手段を考えると、敵に近づき弓で矢を射る、さらに距離が近づくと刀で切り合うということになる。手に武器を持っている場合に蹴り技が発達するということも考えられるし、素手による取っ組み合いが始まることも考えられる。そして、拳や肘、膝などの身体のあらゆる部分を使って闘うことになるのは自然の成り行きであろう。それがムエタイの原型になったというのは理解するに難くない。

　しかし、軍事訓練であったという説を唱えたケート・シーヤパイは、陸軍に

3-1　ケート・シーヤパイ。初代ルンピニー・スタジアム支配人であり、伝統ムエタイ「ムエ・チャイヤー」の師範である。[Prayukvong, Junlakan 2001, p.37]

3-2　トン・ヤラー。ケート・シーヤパイの弟子。[*Ibid*, 2001, p.37]

6　Vail 1998, pp.56-61.

よって経営されるルンピニー・スタジアムの初代支配人である。ルンピニー・スタジアムが作られた1956年当時はタイのナショナリズムが大々的に鼓吹された時代であったため、ムエタイを軍事訓練と位置づけようとしたのではないかとも考えられる。ムエタイの軍事訓練起源説については、今後さらに検証する必要があるだろう。

ただ、ムエタイが兵士だけでなく、一般の民間人にも寺院において練習されてきたというのは、当時の寺院が様々な教養を身につける場として機能しており、現在のムエタイにも仏教理念を教えられる儀礼などが見られることから、十分考えられることだ。

3-2.伝統ムエタイの理念

本項では、白兵戦のためのものではなく、護身術として体系化され伝承されてきた「伝統ムエタイ（ムエ・ボラーン）」の理念を見ていきたい。「伝統ムエタイ」とは、近代的な装備であるグローブやリングを導入したムエタイ（「近代ムエタイ」と呼ぶ）以前のムエタイで、現在もこれを継承しているジムもある。現存する最古のムエタイ教本は、ラーマ3世（1824～51年）の時代に書かれた『タムラー・ムエ』である。[7]

この『タムラー・ムエ』の絵には、タイ仏教の影響を示す「モンコン」が見られる。モンコンは経文を書いた布を丸めて作った護符であり、[8]この時代には既にムエタイが仏教と関係があったことが窺える。

また、ムエタイが仏教と関連の深い格闘技であるということを示す文献には、ムエタイは博識な僧によって技能教育として教えられたということが述べられている。[9]

3-3 ラーマ3世時代の教本『タムラー・ムエ』から。頭には、仏教の経文の書かれた護符「モンコン」が巻かれている。[10]

7　National Culture Commission 1997, p.30.
8　モンコンについては第7章「ムエタイと仏教」で詳しく述べる（p.153参照）。
9　Kaya 1989, p.9.
10　Kraitus 1988, pp.5-13.『タムラー・ムエ』は、チャナソンクラーム寺院で発見され、現在タイ国立博物館に保存されている。［National Culture Commission 1997, p.30］

しかし、史料によって確認できる伝統ムエタイの理念はその程度なので、伝統ムエタイを継承する「ムエ・チャイヤー」（チャイヤー地方の拳法）のジムで、伝統ムエタイの師範、レック氏に話をうかがった。[10]
　「伝統ムエタイのムエ・チャイヤーで一番大切なことは何ですか？」とたずねると、レック氏は「良い人になることが一番大切であると教えています」と答えた。この言葉には、ムエ・ボラーンの精神的な支柱となる仏教の教えが窺える。レック氏は、このような仏教的な理念はギャンブル的要素の強い現在のムエタイにおいても残されていると、以下のように語った。
　「現在のムエタイにおいても、試合は勝てば十分であり、わざわざ倒す必要はありません。これは、タイのプラペーニー（昔からの慣習）です」
　確かに、ムエタイのテレビ放送を見ていると、実況中継をしているアナウンサーが同様な発言をする場合が多々見られる。
　「勝負がついたようですね。双方は、プラペーニーで相手への攻撃をやめました」
　このような勝負観は、ムエタイに限らずタイ人が闘う国際式ボクシングの試合などにも度々見ることができる。最終ラウンドになり、勝者となる選手がはっきりしてくると、積極的に相手に攻めることをしないのである。
　この「相手への手加減」は、確かに、仏教的な慈悲の観念だと言えば、そのようにも見ることができる。しかし、私のムエタイ経験から言えば、「必要以上に相手を痛めつけたくない」という心情も理解できるが、既に勝っているのだから「これ以上のリスクを負いたくない」という気持ちも少なからず存在している。
　レック氏は、このような相手を思いやる気持ちは、現在のギャンブル・ムエタイの興行においても脈々と受け継がれているものであると語る。レック師範によれば、現在のプロムエタイ選手にもムエ・チャイヤーを練習する選手が多くいるという。また師範は、伝統ムエタイの理想は相手を仕留めることなく、相手をコントロールすることであると語った。

11　2006年1月19日、エカマイのムエ・チャイヤー道場で。レック氏（49歳）は、ムエ・チャイヤーのケート・シーヤパイ、トン・ヤラーの弟子である。p.62の写真参照。

3-3. 武術ムエタイの技法

　近代以前のムエタイの技術について考察するにあたり本書で依拠するのは、『タムラー・ムエ』とラーマ5世時代に作られた軍人学校の練習風景の写真、それに前近代ムエタイを継承すると自認するムエ・チャイヤーのレック師範へのインタビューなどである。その再構成能力に限界があることを認めつつも、これらの資料から可能な限り前近代ムエタイの技法を再現してみたい。

　現存する最古のムエタイの教本『タムラー・ムエ』は、ムエタイの動作を絵で表している。全部で46の形があり、「メーマイ（ムエタイの基本）」、「ルークマイ（ムエタイの応用技）」「マイケー（ムエタイの解決法）」に分類されている。「メーマイ」は23の絵の中に12の形があり、「ルークマイ」は21の絵の中に12の形がある。

　これらの絵を見ると、打撃技だけでなく、相手の身体を掴み、組み合いや逆関節を取る技法が読み取れる。また、打撃技で相手を打突するまでに相手の身体のバランスを崩したり、相手の身体を固定して動けぬようにする技法が用いられている。この絵には、寝技は見られないが、柔道のように相手の身体の下にもぐる動作が見られるために、投げ技なども用いられていたと考えることができる。[12]

　絵の動作から、伝統ムエタイには、投げや関節技が含まれていたことがわかる。また、組み合って肘打ちを出す動作や相手の胴体に膝蹴りを打ち込む動作も窺える。

　手による攻撃は、空手の正拳突きや下段突きに近い攻撃、アッパーカットのような上げ打ち、上腕を使った廻し打ちなども見ることができる。

　足技は、相手を直線的に攻撃する蹴り（空手の前蹴りのような蹴り）や膝蹴りは見られるが、現在の近代ムエタイの主流になっている横からの曲線を描きながらの蹴り（空手の廻し蹴りのような蹴り）は、絵から窺うことができない。さらに顔面を狙うような高い蹴り（空手の上段蹴り、ハイキック）もなく、大腿部を狙うような蹴り（空手の下段蹴り）も見ることができない。

　このように横から曲線を描く蹴りの少ないことから、この時代のムエタイは、

12　National Culture Commission 1997, pp.31-35.

第 3 章　前近代ムエタイ 1

メーマイ 1

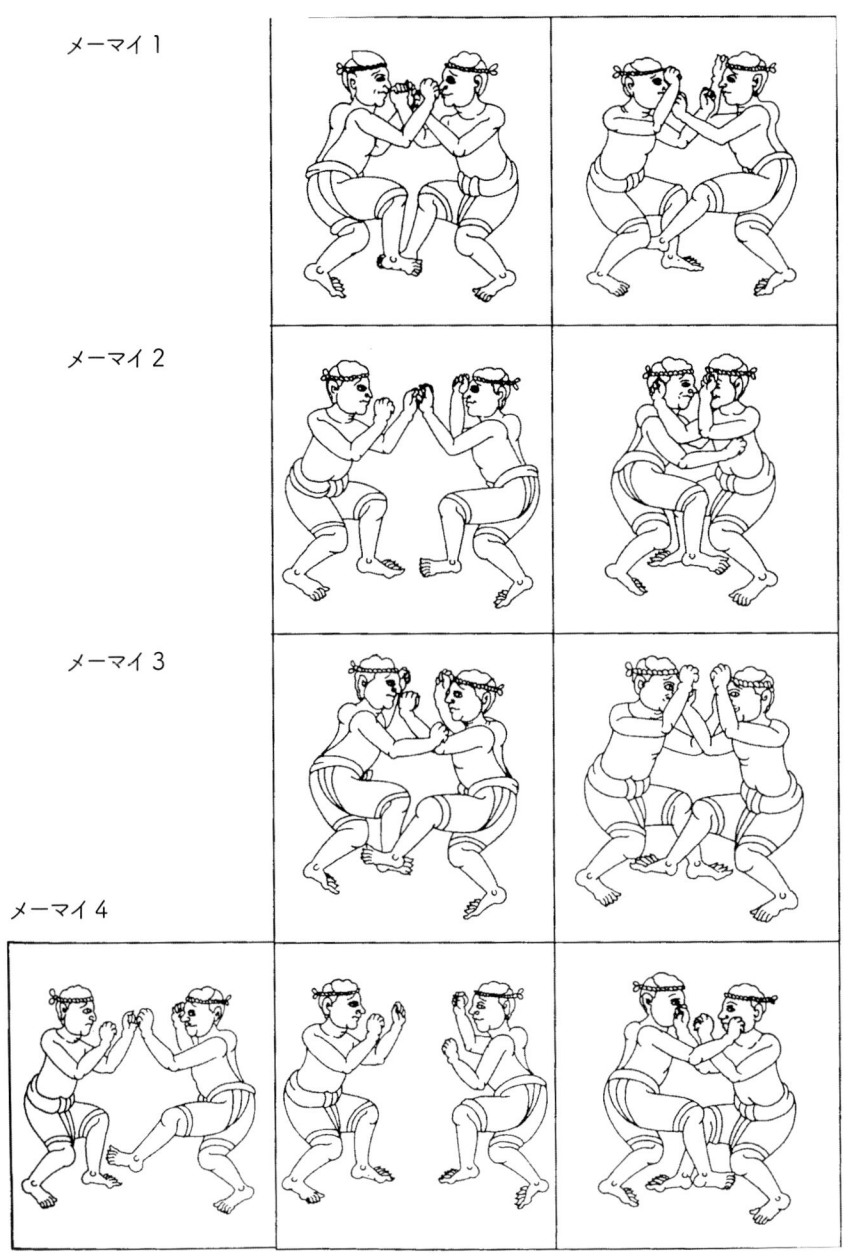

メーマイ 2

メーマイ 3

メーマイ 4

3-4 【メーマイ 1 〜 4】蹴り技よりも手による攻撃が多用されていたことがわかる。[*Ibid.*]

58

メーマイ5

メーマイ6

メーマイ7

メーマイ8

3-5 【メーマイ5～8】現代のムエタイにはない手の裏による攻撃などが見られる。[*Ibid.*]

第 3 章　前近代ムエタイ 1

メーマイ 9

メーマイ 10　　　　　メーマイ 11　　　　　メーマイ 12

ルークマイ 1

ルークマイ 2

3-6 【メーマイ 9 〜 12・ルークマイ 1 〜 2】メーマイ 9 には関節技が見られる。メーマイ 10 〜 12 では相手の蹴り技を手ですくって防いでいることがわかる。ルークマイ 2 では肘打ちが見られる。[*Ibid.*]

ルークマイ3

ルークマイ4

ルークマイ5

ルークマイ6

3-7【ルークマイ3〜6】ルークマイ3では頸椎を腕刀（わんとう＝裏小手部）で攻撃している。ルークマイ4では前蹴りが見られる。ルークマイ5、6では膝蹴りが見られる。[*Ibid.*]

第 3 章　前近代ムエタイ 1

ルークマイ 7

ルークマイ 8

ルークマイ 9　　　　　　ルークマイ 10　　　　　　ルークマイ 11

ルークマイ 12

3-8【ルークマイ 7 〜 12】ルークマイ 7 では相手の頸動脈を指で攻撃していることがわかる。ルークマイ 11・12 では相手の下にもぐり込んで投げる姿勢が窺える。［*Ibid.*］

蹴りが主体ではなく、手による打撃と組み合いからの打撃が主であったと考えられる。横からの蹴りや、蹴り足が相手の腰より高くなれば相手に投げられる確率が高く、投げられたほうは圧倒的に不利な状況に陥る。できるだけ自分の重心を低くし、相手に崩されないようにしなくては実戦での武術では対応できなかったということだろう。

次に、伝統ムエタイを伝承するムエ・チャイヤー・ジムの基本練習から、元来ムエタイが持っていた伝統的な技法を読み取りたい。

拳による技法は、素手であるため空手のように拳の握りから練習し、受けは空手の上段受けに近い受け方が取られ、蹴りは前方への蹴り（空手の前蹴りに近い）が主に訓練されていた（3-9、3-10の写真が基本動作）。

このムエ・チャイヤーの基本練習にも相手の身体を横から蹴る動作はなく、前足で相手の身体の中央部の動きを止める動きや、相手の軸足を前足で押さえる技法が多用されており、廻し蹴りのような遠心力を使う動作は基本練習に含まれていなかった。

このレック師範が教授するムエ・チャイヤーの教則DVD「Peut gru muaythai khaad cheauk Chaiya（ムエ・チャイヤーの秘密を明かす）」には、ムエ・チャイヤーの継承者であるケート・シーヤパイから伝授された伝統的な拳の握り方、立ち方、構え方、受け方、歩法、攻撃法、対人によるカウンター攻撃などの技術がおさめられている。『タムラー・ムエ』やムエ・チャイヤーのDVDには、ムエタイの技法は武術として記されており、伝統ムエタイが武術とし

3-9　ムエ・チャイヤーの正面から見た基本の構え（レック師範）。

3-10　ムエ・チャイヤーの対人の構え、前方への蹴りを多用する。左レック師範。

て、投げたり蹴ったりするだけでなく、関節技や締め技のような相手を制する技法を訓練していたことがわかる。技法練習の中には、現在のムエタイの大きな特徴である廻し蹴りは見られず、組んでの膝蹴りも特に注目される技術ではなかったようだ。

第4章

前近代ムエタイ2

4-1. スコータイ時代アユタヤ時代のムエタイ

　スコータイ時代のムエタイは、娯楽の1つとして賭けの対象にもなっていた。ラームカムヘーン大王は、祭事として行なわれるムエタイを伝統として認め、税金を徴収することもなかったという。[1]

　初めてムエタイが法律の対象となったのはアユタヤ時代で、ソムデット・プラ・エーカートッサロット王が作った「プラアイヤカーンベットセット」に登場する。この法律の117条には、ムエタイの突き蹴りで人を死に至らしめても罪にはならない、また勝ったムエタイ選手に賞金を与えても良いとして述べられている。しかし同時に、主催者はムエタイを競技や見世物として行なうにとどめ、けっして殺し合いのような残酷なスポーツにしてはならないと定めていた。[2]

　アユタヤ王で最もムエタイが強いと言われたソムデット・プラチャオ・スア（虎王）は、自らも稽古に励み、アユタヤの男たちにムエタイを奨励していたと言われる。ムエタイに長じた男たちは優遇され、宮殿に住んで、ムエタイの師範になったり、近衛兵として王を護衛したりすることができた。王の近衛兵は「コンタナーイ・ルーアク」と呼ばれ、武人の集団でもあり、アユタヤの政治に大きな影響を与えた。

4-2. ムエ・カートチュアックの誕生

　武術ムエタイを競技化したものが、現在では「ムエ・カートチュアック」と呼ばれる格闘方法である。現在でもタイとミャンマーなどの友好記念式典などに時折興行されている。ムエ・カートチュアックはルールに詳細な決まりはなく、原っぱなどで闘われ、何をやっても良かった。もちろんグローブもリングもなく、拳にはただ紐を巻いただけだった。[3]

　拳に紐を巻くと素手の場合より拳を強く握ることができるため、破壊力が高まり、打たれた相手は倒れやすくなる。素手だと拳はどんなに鍛えても限度が

1　National Culture Commission, 1997, p.14.
2　*Ibid.*, pp.15-16.
3　*Ibid.*, pp.16-21.

4-1　グローブをつけていないムエ・カートチュアック選手。1929年以前の写真と思われる。下段の写真の構えは沖縄の唐手に近い。[Rajadamnern 2006, pp.64-65]

ある。顔面の骨と強くぶつかりあっても、内出血させるか頬骨を折る程度であるが、紐を巻いて打つと脳を揺らすほどの強力な力を生み出し、ノックアウト率が高くなるのである。現在のUFC[4]でも、拳をテーピングで固定したりバンデージを巻いて闘うことは許されない。ムエ・カートチュアックで拳を紐で巻いたのは、相手を倒しやすくするために考案されたとも考えられる。文献によれば、実際にこのムエ・カートチュアックで命を落としたボクサーもいるという。

　試合時間の計測のためには、ココナッツの実に小さい穴を開けて水に浮かせ、水が入ってココナッツが沈んだ時に試合を止めたという。それから休息をさせて、また闘わせる。どちらか降参したらそれ以上は試合をさせない。全試合の1ラウンドが終わるまで2ラウンドは始まらない。休憩時間が長くなるような仕組みになっていたのである。

　試合が行なわれるのはほとんどの場合、寺の敷地の土の広場であった。報酬は5タムルン（約4バーツ）程度で、勝ったら賞金がもらえたり、地位が向上したりしたという。[5]

　ラッタナコーシン時代（1782年〜現在）初期のムエタイは、頭にモンコン[6]を締めて闘った。選手たちは攻撃と防御に様々な技を使って傷つくまで試合を続け、勝者の方が負けた方よりも多く賞品がもらえた。この時代のムエタイは、アユタヤ時代からの言葉でムアイ、ムアイプラム、ティームアイ、トイムアイと呼ばれた。この頃のムエタイの試合も、まだルールがはっきりせず、突き蹴りだけでなく、投げることもできた。試合時間は決められず、一方が敗北を認めるまで闘った。[7]

4-3. タイの近代化とムエ・カートチュアック

　初めて恒久的なムエタイの試合場ができたのは、第1次世界大戦後の1920年、西洋の軍事学校をモデルにして創られた官僚を育成するためのエリート男子校、スワンクラブ・カレッジであった。[8] 選手は20平方メートル以上の土の

4　UFCとは、アルティメット・ファイティング・チャンピオンシップの略である。アメリカを中心として行なわれている総合格闘技で、素手による顔面攻撃も認められている。
5　National Culture Commission 1997, pp.48-49.
6　p.153参照。
7　National Culture Commission 1997, pp.23-29.

上で試合を行ない、観衆はその中には入れなかった。選手は頭にはモンコンを締めて、拳に紐を巻いた。腕にはプラチアット[9]を巻き、短い腰布を着けて、上半身は裸、裸足で闘った。審判は紫色の布を巻き、靴下とシャツは白を着用していた。[10]

　ムエ・カートチュアックは元来、祭りや記念式典の余興のために行なわれたため、イベントの趣旨によっては何をやってもいいと思われていた可能性がある。現在でも祭りなどで女性対男性の試合が行なわれることがあるが、このような余興ならば、時にはどちらかの強さを試すだけではなく、エロティックなものやグロテスクな試合も含まれていただろう。

　しかしながら、1920年代は、タイの独立を保つために、タイ人が勇猛で仏教文化を伝承する品格の民族であると西欧に対してアピールする必要があったため、余興とはいえ、ムエ・カートチュアックには下品な見世物という雰囲気はなかったと想像される。初めてムエタイの試合場が作られたスワンクラブ・カレッジが西洋の軍事学校をモデルとするエリート官僚養成校であったということもその事情を物語っている。また、当時タイは近代化のため何事にも中央集権化が整備されつつあり、ムエタイの世界でも地方の強者は中央に集められて強さを競い合うようになっていた。[11]

　つまり、この時代のムエ・カートチュアックは、格闘技としての強さと勇猛さと共に、ワイクルーのような伝統を受け継ぐ品格のある民族武術でなければならなかった。それは近代化を目指すタイの国家からの要請でもあったのである。

4-4. ムエ・カートチュアックの技法

　ムエ・カートチュアックはグローブを導入する前の格闘方法である。現在でも時折ムエ・カートチュアックの試合が行なわれるが、登場するのはすべてムエタイ（近代ムエタイ）の選手であって、ムエ・カートチュアックを専門に学んだわけではない。

8　Vail 1998, p.72.
9　プラチアットとは、高僧が経文と呪文を書き、祈禱をあげた布。p.154参照。
10　National Culture Commission 1997, p.43.
11　Vail 1998, p.74.

第 4 章　前近代ムエタイ 2

4-2　ムエ・カートチュアック。ラーマ 5 世（在位 1868 ～ 1910 年）の頃の写真と思われる。
4-3　ムエ・カートチュアック。1898 年、高位の軍人の葬式で行なわれた試合。
[National culture commission,1997, p.40]

4-4, 4-5　軍人学校でのムエタイ訓練の写真。ラーマ5世（在位1868～1910年）の頃の写真と思われる。[*Ibid.*, p.40]

第 4 章　前近代ムエタイ 2

4-6, 4-7　スワンクラブ・カレッジでのムエ・カートチュアックの試合。[*Ibid.*, p.42]

4-8　出身地別のムエ・カートチュアック選手。左がコーラート県、右がロップリー県の選手。4-9　左がトンブリー県、右がバンコク都の選手。[*Ibid.*, p.44]

第 4 章　前近代ムエタイ 2

4-10, 4-11　ラーマ 6 世（在位 1910 〜 25 年）の頃と思われる写真。上は拳に紐を巻き、下はグローブに変わった時期である。[*Ibid.*, p.45]

近代ムエタイ以前の正しいムエ・カートチュアックの試合を伝えるフィルム映像はなく、当時の写真からだけでは技法を十分に読み取ることはできない。

グローブが導入される以前にムエ・カートチュアックを経験したというタムマサート大学のデン師範（72歳）は次のように語った。

「私はラジャダムナン・スタジアムができる前にラック・ムアンでカートチュアック[12]を2回やりました。パンチ、キックの他に、今のムエタイのルールにはない技、投げたり、締めたりしてもよかった。どちらかが倒れるか降参したら終わりというルールです。私は13歳から39歳（1974年）まで試合をしましたが、今とは激しさが違います」[13]

ムエタイ・インスティテュートのアムヌエイ校長（73歳）もムエ・カートチュアックを闘った経験がある。

「私が知る限り、ムエ・カートチュアックには何もルールがなかったと思います。私はグローブがタイに入ってくる前にラック・ムアンで2試合をしましたが、試合は何をしてもよかった。みんな、パンチやキックの他、つかんだり、投げたりして、要するに公開された喧嘩でした。時には嚙みついたりする人もいました。投げてもいいし、首を絞めてもいいのです。ムエ・カートチュアックは、全部ノックアウトで終わります。危険を予防するために、私は急所（男性の金的）にココナッツの実を半分に切って当てていました。他のみんなは貝殻を当てていましたがね。その頃の外国人は、飛行機ではなくて船で来て、その試合を見て帰る人がたくさんいました。ワイクルーももちろん必ず行なわれ、今よりも大切にされていました。

ギャンブルをする人もいたのかもしれませんね。ナックレーン（やくざっぽい）の男の子はムエタイをやってみろと言われたものですよ。サリット首相も昔はムエタイをしていたんですよ」

1999年10月28日にラオスとの国境の町、ノーンカーイでムエ・カートチュアックの試合が開催された。出場選手は、ミャンマー人、ラオス人、タイ人、マレーシア人、ロシア人、そして日本人である。日本人は野村正克という12

---

12 ラック・ムアンとはムアン（都市、町）の守護霊が宿るとされる柱。バンコクのラック・ムアンはラタナコーシン朝の創始（1782年）とともに王宮の北東に作られ、1852年に建て直された。
13 2007年8月16日、タムサマート大学でインタビュー。

第 4 章　前近代ムエタイ 2

4-12　タムマサート大学のデン師範 [*Ibid.*, p.460]

4-13　ムエタイ・インスティテュートのアムヌエイ校長。muaythai-instituteのホームページ（http://www.muaythai-institute.net/Html/president.html）より。

4-14　ムエ・カートチュアックを経験した数少ない日本の1人野村正克選手（マイモンコン・ジム所属）。ムエタイの何倍も危険であると語る。

4-15　ムエ・カートチュアックの拳。紐を細く巻くだけなので破壊力が強い。[National Culture commission,1997, p459]

戦のムエタイ・キャリアを持つ選手だった。拳はバンテージを巻いて素手より硬くしてあるために危険度が増している。1発でもまともに受けると鼻の骨は折れてしまう。最初は互いに距離をとって様子を窺っていても、一度嚙み合えばダンゴ状態になる。実際、この日の試合では、選手たちは恐怖のあまり振り回すようなパンチで喧嘩のようなファイトを展開し、KOが続出したという。

野村選手は判定負けに終わりKOは免れたが、顔面を10針も縫う損傷を負った。彼によれば、ムエタイとムエ・カートチュアックの差はやはりパンチの破壊力であるという。ムエタイ風のブロック（防御）もムエ・カートチュアックでは意味をなさず、正面からの攻撃（ストレート）は防ぎようがない。唯一、相手との間合いをいつもより（ムエタイより）も遠く取り、相手の接近に注意を払うしか方法はないということだった。

また、現在でもミャンマーに残る格闘技「ミャンマー・ラウェー」は、ムエ・カートチュアックとほぼ同じルールで闘われている。ミャンマー・ラウェーも凄惨なノックアウトが続出することが知られている。フリーライターの早田寛氏は、ミャンマー・ラウェーを以下のように報告している。

ミャンマー・ラウェーの試合は1ラウンド3分で5ラウンド、2分の休憩で、フリーノックダウン制。どちらかの選手が降参するまで必死の形相で殴りあう。しかし、試合の結末は「降参」というよりは「壮絶なKO劇」といった方が合っているのかも知れない。すべての試合が、2～3ラウンドという早期のうちに決着がつく。[14]

かつてのムエ・カートチュアックが現在のミャンマー・ラウェーと同様の格闘技であったとしたら、蹴り技によるのではなく、拳による殴り合いが多用されていたと推測され、KO決着が求められていたと考えられる。

また、当時はルールが詳細には定められていなかったため、打突の他に投げ技や関節技があった可能性もある。さらに、日本の伝統的な空手のように遠間から接近して打突する技法が多用されていたとも考えられる。なぜなら、当時の写真に残る闘いの構えは足幅を広く取っており、接近戦で打ち合う場合に不向きな構えであるからである。この構えだと蹴り技は前方へしか出すことができず、現在ムエタイで多用されている廻し蹴りには不向きである。

---

14 『格闘技通信』No.422, 2007.6.8, p.50.

第5章

近代ムエタイの誕生

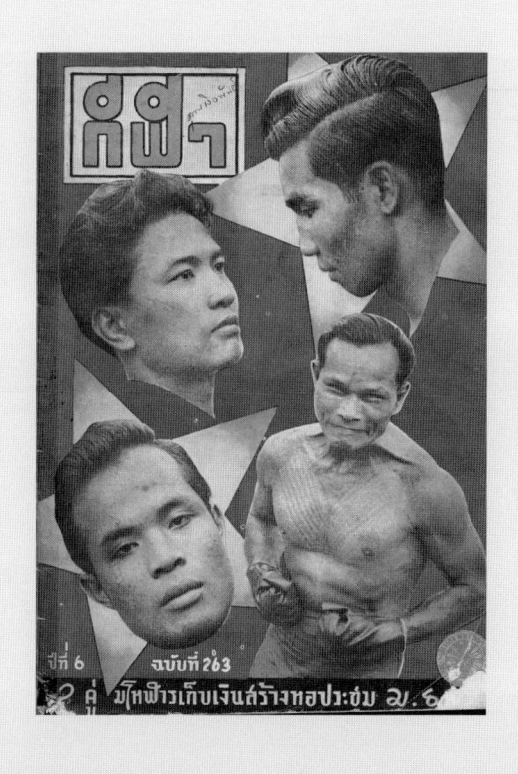

5-1. ムエ・カートチュアックからグローブへ

　1923年から1929年にかけて、新しいムエタイ場ができてきた。ラックムアン・ターチャン・スタジアムというムエタイ場はスワンクラブ・カレッジよりも大きかった。これは、ムエ・カートチュアックからグローブをつけたムエタイに移行する時期でもある。ムエ・カートチュアックでは人が亡くなる場合もあったからだ。ジアという選手が亡くなった事件から、関係者はムエタイの試合にグローブを用いるように義務づけたという[1]。

　1935年、タイの軍隊のために慈善事業としてムエタイの興行が行なわれた。これ以降、ムエタイは人気を集め、頻繁に興行が行なわれるようになって、プロモーターは巨額の興行収入を得るようになる。そして、試合場で賭けをする人が増えたので、ラーマ8世の勅令で1935年に初めて賭けについて法律ができた[2]。

　1935年から1942年までスアン・チャオチェートのムエタイ場で軍隊がプロモートするムエタイ興行が行なわれたが、第2次世界大戦が近くなったので中止された。しかし、ムエタイの人気は衰えることなく、試合は戦時中もパッタナコーン、ウォンウェンヤイ、シーアユタヤの映画館の中などで戦闘機の来襲を警戒しながら続けられた。

　1945年、ラジャダムナン・スタジアムが設立された。初期の頃は、毎週日曜日の4時から5時まで試合を行なっていた。当時は屋根がなく、簡素な造りであった。このスタジアムは、教育省体育局の作成した「ムエタイに関する規定（1937年）」に従って作られた。この頃になるとムエタイは職業として成り立つようになり、プロのムエタイ選手とムエタイ・ジムが増加し、またスタジアムの職員やレフェリーなどムエタイに関係する職業に従事する人も増えた。1948年、ラジャダムナン・スタジアムは選手の体重と能力を考慮し、階級を設けた。

　1953年、ラジャダムナン・スタジアムは正式に株式会社として成立した。目的はタイの文化を奨励することであり、ムエタイだけでなく、他のスポーツ

1　National Culture Commission 1997, pp.48-49.
2　*Ibid.*, p.50.

や音楽もここで公演することになった。ムエタイはこのようにして、観衆を集める娯楽、興行として成立するようになり、現在まで続いている。[3]

5-2.近代ムエタイとナショナリズム

　ムエタイがムエ・カートチュアックから近代ムエタイへ移行し、国民的なスポーツへ成長し始めたのは、ピブーン・ソンクラーム首相[4]がラッタ・ニヨム（愛国信条）の勅令を出した時期であった。ラッタ・ニヨムの1つに、「サヤーム（Siam. 日本はシャムと呼んでいた）」から、現在の「タイ王国（Kingdom of Thailand）」への国名の変更があった。[5]この時代、タイは、後進国ではなく、文化的に優れたタイ族の強い国であると諸外国にアピールする必要があった。ピブーン首相は、この頃、バンコクを中心に多くの中国人が流入することに脅威を感じ、それまでのサヤームの国名ではタイ族の国という意識が希薄になってしまうと危惧して、国名改正を決意するに至った。また、ラーマ5世の頃までは北タイ、南タイ、東北タイ、中部タイの4つのタイの地域はそれぞれの地域特性が強かった。北部のチェンマイなどはタイに属する前は「ラーンナー王国」であった。南タイはイスラム教が支配的でマレー文化圏に近く、「イサーン」と呼ばれる東北タイはラオ族が最も人口が多く、タイ族が支配的なのはバンコクを中心とする中部タイだけだった。しかし、いまや一致団結して、タイ人の国としての結束を強化する必要があった。[6]

　ムエ・タイ（Muay-Thai＝タイ国の拳法）という呼称はこの統一国家主義である大同団結運動の中で作られたのではないかと考えられる。それまでの時代の記録によると、タイ（サヤーム）各地のムエ（拳法）は、土地の名前を冠してそれぞれムエ・ロップリー（ロップリー地方の拳法）、ムエ・コーラート（コーラート地方の拳法）、ムエ・チャイヤー（チャイヤー地方の拳法）という名称で呼ばれていたからである。ムエタイの最古の教本『タムラー・ムエ』[7]もタムラー・ムエタイ（ムエタイの教科書）ではなく、タムラー・ムエ（ムエの教科書）

---

[3] Ibid., pp.48-53.
[4] 第2次世界大戦中、日本と日タイ同盟を結んだ首相。愛国主義運動を興した。
[5] 1939年6月23日、国名が変更された。
[6] Monthienvichienchai 2004, p.41.
[7] Ibid., p.22.

であった。Muay Tai（タイ族の拳法）という呼称は19世紀末に生まれたのではないかと言われているが、Muay-Thai（タイ国の拳法）という語は1939年に国名が変わってすぐ中部タイの内外で一般的になったようだ[8]。

　また、ラッタ・ニヨム以前、ThaiがSiamであった頃にムエ・サヤーム（シャム拳法）[9]と呼ばれていたという記録は残っていない。つまり、国名を冠した名称はMuay-Thaiが最初だったのである。

　ムエタイ呼称の正確な開始時期についての史料はないが、ナショナリズムがムエタイという名称を創りあげたと言えよう。前述したように、ラジャダムナン・スタジアムがピブーン・ソンクラーム首相の命により政策として建設されたこともそれを裏づけている。ピブーン首相はタイの伝統文化の保持を奨励し、特に外国人にムエタイを見せるため、ムエタイ競技場の建設を命じたのであった。

5-3. ムエタイ伝説 (1) カノムトム

　いつの頃から広まったのかは定かではないが、有名な2つの「ムエタイ伝説」がある。このムエタイの伝説はタイのナショナリズムと深く絡み合っている。まず、カノムトムの伝説である――[10]。

　アユタヤ時代、首都アユタヤが陥落した1767年、捕虜としてビルマに連れていかれたシャムの人々の中に多くのタイ拳法の使い手がいた。彼らはビルマのカイ・ポン・サム・トンの有力者であるスキ・プラ・ナーイ・コングによってアンワの町に捕らえられていた。

　1774年ビルマのラングーンでマングラというビルマの王が仏陀の遺骨を保存するパゴダを祀る7日7晩の祝祭を開くことを決めた[11]。祭りでは「リケー」という劇やお笑い、剣舞などが催されることになり、王はタイ拳法家とビルマ拳法家を闘わせることを命じた。

8　*Ibid.*, p.28.
9　Charnvit Kasetsiri教授は、国名の変更前のSiamやSiameseという名称は、国の統治者によって、あるいは西洋の国交のあった国で用いられていたが、低い社会階級の人々の中には浸透していなかった、と述べている。［Monthienvichienchai 2004, p.27］
10　Kitiarsa 2003, pp. 14-15.
11　1770年3月17日と記述されている書物もある。［Suhongsa 1983, p.2］

第5章　近代ムエタイの誕生

　祝祭日の初日、ビルマの高位の貴族によってタイ拳法家がビルマの王に紹介された。ビルマ王マングラはビルマの武術家にビルマ拳法の強さをタイ人に示すように命令した。審判はタイ拳法家を闘技場に上げて紹介した。彼は有名なアユタヤの武術家であるカノムトムである、と。カノムトムは色浅黒く屈強で、いかにも強そうだった。ビルマ人観衆に混じったタイ人の捕虜たちはカノムトムを応援した。

　闘う相手のビルマ拳法家が決まると、カノムトムはビルマ拳法家のまわりを踊りだした。それは不思議な光景で、ビルマの観衆は彼が何をしているのかわからなかった。審判はすぐ「これはタイの伝統で、師匠に尊敬を奉げるための『ワイクルー』という舞いだ。タイ拳法家はみんな必ずこの舞いを舞うのである」と説明した。

　試合開始の合図が出されるとすぐカノムトムは猛攻撃し、肘や拳で相手を打ち倒してしまった。しかし審判は、ビルマ人拳法家はワイクルーの踊りによって心を乱されてしまったのだから、タイ拳法家の勝利にはできないと判定を下した。そこでカノムトムはさらに9人のビルマ人拳法家と試合をしなければならないことになった。しかし、カノムトムは彼らをことごとく打ち倒してしまった。最後の試合はヤカイという町から来ていたビルマ拳法の師範であったが、彼もすぐに蹴りで打ちのめされてしまった。もはやカノムトムに挑もうというビルマ人はいなかった。

　マングラ王はタイ拳法に魅せられ、カノムトムを呼んで、褒美を与えると言った。彼は金銭か美しい妻とどちらが良いかと聞かれた。カノムトムはためらうことなく「金銭を得るのは難しくありません。得難いのは美しい妻です」と答えた。マングラ王は彼に2人のモン族のビルマ女性を与えた。カノムトムはタイへその妻たちを連れて帰り、生涯一緒に暮らしたという。

　彼を称える次のような詩が今も残っている。

　　これらは他の拳法にはない。
　　タイ人のものだ。
　　指、膝、足、肘、すべて使った。
　　そして拳士はどんなに体が小さくとも打たれない。
　　9人のビルマのモン族はムエタイによって打ち負かされた。
　　その名はナーイ・カノムトム、名声が轟く。

たとえ、彼が亡くなっても、その名は残る。
私たち後世の者も皆、知っている。
彼は民族の誇りを保った。
そして、私たちは皆、彼を褒め称える。

5-4. ムエタイ伝説（2）フランス人兄弟を倒したムエタイ師範[12]

ラーマ1世[13]の御世になって7年目の1778年の話である。
　フランス人のボクサーである兄弟がチャオプラヤー川を旅し、幾つかの街を訪ねて、土地のボクサーに賞金を賭けて闘いを挑んでいたという。彼らはまだ負けたことがなく、強い相手を探していた。
　彼らがラッタナコーシン[14]を訪れた時、通訳を通じて地元の名士にラッタナコーシンで一番強い男と金を賭けて闘わせてもらいたいと申し出た。
　名士はラーマ1世にこれを伝え、ラーマ1世は弟君に次のように指示された。
　「外国人が挑戦してきたからには、相手となる者を探しだすことができなかったら、大いなる恥辱となるであろう。王都のどこにも挑戦を受けることができる者がいなかったと言われ、我々の名誉は地に落ちてしまう。不名誉は外国にまで広がってしまうであろう。必ずや完膚なきまでに相手を打ち負かすことのできるタイ拳法家を見つけ出すことを願う」
　王は弟君の助言を容れて、当時法外な4000バーツの賭け試合を行なう旨を名士を通じてフランス人兄弟に伝えさせた。弟君は対戦相手に当時の国防省でレスリング（当時のタイ式相撲のようなものと考えられる）[15]の指導をしていたムエン・プランという人物を探し出した。この男はムエタイとレスリングの両方に秀でたムエタイの師範であった。彼は力の強い選手で、また技術も非常に優れていた。弟君はエメラルド寺院の西の劇場の側に試合場を建設するように命じた。
　そして、試合当日、ムエタイ選手は簡単に勝ってしまい、2人のフランス人

12　Kraitus 1988, p.23
13　現バンコク王朝（ラッタナコーシン王朝）初代王。1782年即位。
14　現在のバンコクのこと。
15　2000年9月18日、チュラーロンコーン大学にてチャチャイ・ゴマーンラタット准教授へのインタビュー。

は大恥をかくことになった。

　これは外国人がムエタイに挑戦した最初の試合とされ、欧米列強の植民化に怯える東南アジアで唯一独立を維持していたタイの国民に勇気を与えたであろうエピソードとして伝わっている。

　この２つのムエタイ伝説はともに外国人に対してタイ人の強さを示したという物語であり、真実であったかどうかはわからない。しかし、いずれも、タイ人は勇猛果敢で、西欧列強をはじめとする外国にまったく劣っていないのだという意識をタイ国民に植え付ける意図が感じられるのは確かだ。

　このようにタイがナショナリズムのムードに包まれていた時期にムエタイは近代スポーツとして生まれ変わった。前述したように、ラジャダムナン・スタジアムは軍国主義のリーダーであったピブーン首相によって建設されている。タイを軍事国家とするために強い戦士を育て、タイ人の勇猛さを諸外国にアピールする必要があったのである。

　Monthienvichienchaiは「当時のタイは、イタリアやドイツのファシズム、特に日本のイデオロギーをタイの政治に取り込んだ[16]」と述べている。ピブーン首相は親日派であり、日タイ同盟を締結し、戦後に日本に亡命して人生を終えている。

　村嶋英治は次のように述べている。

　「チャックリー王朝[17]６代目の絶対君主ワチラーウット王(在位1920～1925年)は、革命の陰謀を弾圧後、青年将校への反論を新聞紙上に次のように発表した。立憲制を導入したから日本が発展したのではない。天皇への忠誠心の強さが日本の成功の原因である。タイ国王は人民の父であり、遅れた人民をリードしてきた。これまで通り国王の指導に忠実に従えば、タイにも発展の可能性があるのだ。新渡戸稲造の『武士道』を引用しながら国王は自分への忠誠を求めた[18]」

　さらに、Dortによれば、ラーマ６世（ワチラーウット王）は、タイの若者に軍事教育を行なうためにムエタイを奨励した。王はボーイスカウトとスア・パー[19]を設立し、そこでムエタイを訓練した。ムエタイは健康増進、護身術、娯楽、武術の手段であり、国民に誇りを持たせるために発展してきたのである。[20]

16　Monthienvichienchai 2004, p. 40.
17　ラッタナコーシン王朝（バンコク王朝）の別名。
18　村嶋1996, はじめにV.
19　スア・パー（野虎隊）は国王直属の義勇部隊。
20　Dort 2004, p.15.

5-5. 近代ムエタイと女性

　ワチラーウット王の後に続いて、強い愛国主義を打ち出したピブーン首相は「男は国家の垣根であり、女は国家の花である」というスローガンを提唱した。[21] 彼によって作られたラジャダムナン・スタジアムでは、もちろん女性がリングに上がることは許されない。おそらく、ラジャダムナン・スタジアムの前に存在したスワンクラブ・カレッジやラック・ムアンでも女性はリングに上がることはできなかったと考えられる。

　しかしながら、トンブリー時代（1767〜82年。ラッタナコーシン王朝の前の王朝）に詠まれた詩の中では、女性は積極的にムエタイに参戦しており、男性に匹敵するほどの技量が見られたと記述されている。[22] また、ラッタナコーシン時代初期（ラーマ2世の頃）には、女性のムエタイ試合が行なわれていたという記録が残されている。[23]

　Monthienvichienchaiは「ラーマ6世統治下のナショナリズムの時代、女性のムエタイ参入が制限されたのではないか。それは、この時代に起こった経済の近代化とともに、ナショナリズムと密接に関連した中産階級の性差別政策がもたらされたからである。しかしながら一方で、西洋の影響下にあったこの近代化の時期以前に、既にタイ社会は家父長制が根強く浸透していたとする見方もあり、女性のムエタイ参入に制限がなされた正確な時代に関しては、まだ議論の余地があるだろう」と述べている。[24]

　しかしながら、タイのナショナリズム時代が終わったと言われる1970年代[25]になると、女性のムエタイが見られるようになった。[26] これは、ナショナリズムにおける「ムエタイは男性が行なうものである」という観念が薄れてきたことを示していると考えられる。

　ついでながら、現在では、女性のムエタイを認めないジムがある一方で、女

21　Monthienvichienchai 2004, p.50.
22　*Ibid.*, p.45.
23　National Culture Commission 1997, p.29.
24　Monthienvichienchai 2004, pp.45-47.
25　村嶋英治は1970年代の共産主義の脅威に触れるまでタイはナショナリズム時代であったと指摘する。[村嶋英治 1996]
26　Stockmann 1979, p.20

性選手が堂々と試合をしている例もある。ケーオサムリット・ジムでは、女性の練習への参加どころか、練習場のサンドバックに観光客の女性が触れることさえ拒んでいた。しかしながら、東北タイや、バンコクの多くのムエタイ・ジムは女性のリングへの入場を認めており、村祭りなどの野外特設リングでは、男性選手の試合の終わった後であるが、女性選手が男性と同じリングで試合を行なっていた。このように、ムエタイと女性についての考え方は、その地方やジムのオーナーの宗教観によって違いが見られる。[27]

5-6.国民的なスポーツとして発展

　近代化したムエタイは、ラジャダムナン・スタジアムとルンピニー・スタジアムをモデルにタイ全土に普及し、タイの各地で興行が行なわれるようになった。ランキング委員会やタイトル認定組織が生まれ、地方で強者として知られると中央の両スタジアムに集められた。メディア、スポンサーの支持がムエタイを急速に成長させたのである。

　観光はタイの大きな産業の1つであるが、1960年頃から外国人観光客が急増した。その頃、日本から国際式ボクシングのプロモートに来た野口修がムエタイを模倣して作ったキックボクシングを日本で売り出すと、爆発的な人気を得、ムエタイの存在も世界的に知られるようになった。

　タイ国内では、ラジャダムナン・ルンピニー両スタジアムのチャンピオンが、タイのヒーローとして国民的なスターとなっていった。最初に国民的なヒーローになったのは、1950年代に活躍したスッグ・プラヒンピーマイである。近代ムエタイ草創期を代表する選手として有名な彼は、身体にナックレーン（侠客）を示す刺青を入れた特異な風貌で人気があった。殺人の罪で27歳から12年間服役するが（8年9ヵ月という説もある）、出所後ムエタイ選手として頭角を現し、41歳まで現役を続けた（44歳という説もある）。引退後、彼はナコーンラーチャシーマー県のある村の村長になり、生涯を終えている。[28]

　アピデット・シットヒランも有名である。彼は「ムエタイの帝王」と呼ばれ、60歳を超えた現在でもムエタイ・ジムのトレーナーとして若手選手の育成に

27　ケーオサムリット・ジムのオーナーはチェンマイ出身である。
28　Vail 1998, pp112-113

5-1 1951年4月15発行の『キラー』誌の表紙。下段右側がスッグ・プラヒンピーマイである。ムエタイのファンであったという老人に会うと、必ずこのスッグ・プラヒンピーマイやアピデット・シットヒランの名前が飛び出す。ムエタイ草創期の選手はこのようなタイプの豪傑であったのだろう。

5-2 デン師範(前列左端。現在タムマサート大学で指導)とスッグ・プラヒンピーマイ(左から2番目)。

努めている。彼の現役当時は、スタジアムに人が入れないほどの人気を誇り、その試合が放送されると通りには人がいなくなったという。

　さらに、シリモンコン・ルークシリパットはムエタイ選手として国王から初めて国民栄誉賞（スポーツ部門）を授与された。

　しかし、彼らのようなタイの英雄とも言うべきスーパースターが輩出したのは、1950年代〜1970年代中期までである。現在のムエタイ選手は、MVPを取ろうが何階級も制覇しようが、国王から表彰されるようなことはない。また、ムエタイ・ギャンブラー以外のタイ国民にも広くその存在を知られるほどのスター選手はいない。

　1950年代〜1970年代中期をムエタイの黄金時代として捉えるスポーツ記者やプロモーターは多い。この時代は、ムエタイの観客がギャンブラーではなく、ホワイトカラーもブルーカラー含め多くのタイ国民がムエタイの支持者であった。スッグ、アピデット、シリモンコンたちは、タイ国民なら誰でも知っているというほどの大スターであった。国民的なスポーツへ成長したムエタイは、現在のようなギャンブラーだけに支持されているスポーツではなく、国民全体に支持されていたのである。この時代の一流ムエタイ選手は、プロ格闘家として、国民的なヒーローでなければならず、強く、勇ましくあるべきだという強い信念を持っていたと思われる。

5-7. 近代ムエタイ草創期の技法（1920年頃〜1940年頃）

　1929年、ルンピニー公園の中に新しいムエタイ場が建設された。サナームムエ・スアンサヌックといって、中には観覧車などもあるレジャーランドのような競技場であった。ムエタイのリングは布が使われ、リングロープは3本が基本だった。国際式ボクシングと同じようになったのである。この頃からムエタイは赤コーナーと青コーナーを設けるようになって、レフェリーやタイムキーパー、ベル係が登場し、試合は3ラウンドか6ラウンドで闘われた。賞金は、勝者に400バーツ、敗者に300バーツ、引き分けは350バーツ両者に支払われたという。[29]

　近代ムエタイの草創期には、判定決着が少なかったか、もしくは全くなかっ

29　National Culture Commission 1997, p.50.（参考：『キラームエ』1975.2.10. p.8）

5-3 トモイの試合。ムエタイではありえないような太った選手がメインイベントに登場した。勝敗よりもエンターテイメントの要素が強かった。ギャンブルは禁止されているが、入場券が当たりくじになっていて、特賞を取ると自転車や炊飯器がもらえる。(2006年3月26日、コタバル)

たと推測される。選手とレフェリーの技術が未熟であり、勝敗を決定する能力が不足していたためである。また、観客側のほうも判定決着ではどちらが勝ったかはっきりしなかったからだ。

　この頃のムエタイによく似た例に、現在マレーシアで行なわれている「トモイ（Tomoi）」がある。トモイはマレーシアのムエタイと呼ばれる格闘技で、ムエタイと同様にグローブを着用し、ムエタイとよく似たルールで行なわれているが、お祭りのためのイベント的な格闘技であり、職業として成り立っているわけではなく、技術的なレベルはムエタイとは比べ物にならないほど低い。トモイでは、判定決着はまったくない。KOかTKOで勝者が決まり、KOかTKOがなければすべて引き分けになる。

　近代ムエタイ草創期のムエタイも、ルールブックは残されていないが、トモイのように、相手が倒れないと引き分けにされていた可能性が高い。したがって、倒すことを最重要視するムエタイが行なわれていたと考えることができる。

5-8. 国民的なスポーツへの変容期の技法（1940年頃〜1970年頃）

　ラジャダムナン・スタジアムが建設され、近代ルールが制定された頃から、多くの国民的なスターが生まれた。ムエタイ関係者の多くは、この時代がムエ

第5章　近代ムエタイの誕生

タイの黄金時代だったと言う。この時代、スタジアムの観客はギャンブルをする人よりも格闘技の愛好者が多かった。

　本項では、この時代を象徴する名選手の闘いの映像（「ムエタイ名勝負大全集」日本スポーツ映像株式会社）から、技法の変容を考察する。具体的には、手からの攻撃（パンチ、肘打ちなど）と足からの攻撃（前蹴り、廻し蹴り、膝蹴りなどを含むすべての蹴り）の確実に相手に当たった数を数えた。もちろん選手には個性があり、また対戦相手や体調により闘い方は変わってくる。すべての選手に共通する攻撃パターンではないが、当時の試合の大要を窺うことはできると考えられる。

●アピデット・シットヒラン対ラウィー・デーチャーチャイ。興行日不明
ラウィー・デーチャーチャイは手の攻撃が33回、足による攻撃が5回であり、蹴りはほとんど出なかった。

5-4　ラウィー・デーチャーチャイはパンチが主で、蹴り技はローキックだけだった。ラウィー・デーチャーチャイは1964年に極真空手の元最高師範代であった黒崎健時氏と闘い、勝利している。［日本スポーツ出版社 1999］

●アピデット・シットヒラン対ラウィー・デーチャーチャイ。1967年12月6日
アピデットは手から18回、足から57回の攻撃をしていた。ラウィー・デーチャーチャイは手から80回、足から22回の攻撃であった。

5-5　パンチの攻防。アピデットの攻撃はパンチとキックの割合が1:3であった。

●プット・ローレック対タノンチット・スコータイ。1969年7月24日
プット・ローレックは手から50回、足から124回の攻撃をしていた。足の攻撃は手による攻撃の約3倍であった。

5-6　プット・ローレックのミドルキック。

映像で見る限り、この時代の試合では膝蹴りの攻防はあまりに見られなく、離れて打ち合っている時間が多い。レフェリーも数秒組み合うとすぐに両者を引き離し、打ち合いがないと両者に積極的に攻めさせていた。

この時代の選手に話を聞くと、タムマサート大学のデン師範は、「私は39歳 (1974年) まで試合をしましたが、今とは激しさが違います。ラジャダムナンができた頃には、1年に7人の死者が出たことを覚えています。判定勝ちなんてものはめったになく、最後までやったらどちらもボロボロになっていました」[30]と語った。

ムエタイ・インスティテュートのアムヌエイ校長も当時のムエタイについて「ラジャダムナン・スタジアムができた頃は、ほとんどの試合がノックアウトで終わっていました。まだ守る技術がないのと、相手を倒さなければ勝ちではないと思っていたからです」[31]と語った。

さらに外国人ジャーナリストHardy Stockmannによれば、1971年の2月から4月までに3人の選手が試合のノックアウトが原因で死亡し、1966年から1967年の1年間で6人のムエタイ選手が試合の後遺症で翌日に亡くなり、タイ全国では3ヵ月か4ヵ月に1人のムエタイ選手が試合で亡くなった。[32]

これは、ムエタイの試合が相手を倒すことを目的に行なわれていたのと、試合の安全管理をするレフェリーのダメージの判断基準が未熟であったためであると考えられる。こうした結果から、学者や有識者が協議しムエタイの安全性を高めねばならないとの世論が沸き起こった。[33]

なお、この頃日本ではキックボクシングが盛んに興行されるようになり、沢村忠が人気を博していた。[34]沢村忠の後輩で日本ヘビー級、東洋ミドル級チャンピオンであった藤本勲氏は、この頃のムエタイを「一発一発のパンチや蹴りの威力が現在より圧倒的に強く、どの選手も相手を倒すために必死で試合をしていた。ただし、選手の技については、パンチの選手はパンチだけ、膝蹴りの選手は膝蹴りだけ、肘が得意な選手は肘打ちばかりを試合で使っていた。膝蹴りのジム、廻し蹴りのジムなどというように、各ジムの得意技があったので、選

30　2007年8月16日、タムマサート大学で。
31　2007年8月17日、ムエタイ・インスティテュートで。
32　Stockmann 1979, p.12.
33　チュラーロンコーン大学スポーツ学部准教授チャーチャーイ教授の御教示による。
34　加部2001.

手の特徴がジムの特徴と一致していた」と語る[35]。

　まだバンコクでもテレビのある一般家庭が少なかった頃である。当時のムエタイ選手はスタジアムで兄弟子の闘う姿を見る以外はムエタイの技法を学ぶことができなかった。すなわちジムで練習する強い選手がムエタイの手本であったため、各ジムに独特の技や闘い方が見られるようになったのであろう。

　国民的なスポーツへ変容期に活躍したムエタイ選手が繰り広げる試合の技法は、上半身からの攻撃（パンチ）に対して下半身からの攻撃（キック）は、上記の例を見るとおおよそ1：3である。現在のムエタイと比較すると、下半身から攻撃（キック）の比率が圧倒的に少ない。上半身からの攻撃（パンチや肘打ち）が多いということは、接近戦で打ち合っていたということである。接近戦で激しく打ち合うからノックアウトが多かったのである。

35　2006年10月27日。藤本勲氏は前目黒ジム会長。日本プロスポーツ大賞功労賞受賞（1969年・1985年）。

第6章

ギャンブル・ムエタイ

1999年、私はタイに長期滞在してムエタイ修行を始めたが、当時既にスタジアムの観客は外国人以外、ほとんどがムエタイでギャンブルをしていた。ラジャダムナン・スタジアムの観客席は3階から成っている。1階には椅子があって観光客はここに入る。しかし、2階席・3階席には椅子はない。ビッグマッチでは立見でぎっしり満員になってしまう。この2階席・3階席の観客がすべてギャンブラーなのである。このギャンブラーたちの存在が現在のムエタイ興行を支えていると言われる。それはどういうことなのか？
　本章では、まずギャンブル・ムエタイの方法について詳しく説明し、ムエタイがギャンブル化した経緯、さらにギャンブル・ムエタイの構成要素としてのマッチメーカー、観客（ギャンブラー）、ジム、選手の実態を明らかにしたい。そして最後に、ギャンブル化に伴うムエタイの試合の変化を見ていきたい。

6-1. ムエタイ・ギャンブルの種類

　ムエタイ・ギャンブルには、大きく分けて次の3種類がある。
　① 胴元制の賭け
　② 賭け試合（ドゥアンパーン）
　③ 個人と個人の賭け（ギャンブル・ムエタイ）

　①は、3組から5組の試合の勝者を予想し、賭け金と共に胴元に渡すもの。賭け金はいくらでもよく、予想した選手が全部勝つと、3組の場合、賭け金の3倍、5組の場合は5倍のお金がもらえる仕組みである。1組でも負ければ、その賭け金は胴元のものになる。この指名式の賭けは胴元自体が少ないので、外国人には見つけるのが難しい。[1]
　②の「賭け試合」は、1試合ごとに、観客ではなく、選手の仲間から賭け金を集めるもので、青コーナーの選手と赤コーナーの選手のどちらが勝つかという単純なギャンブルである。勝った選手と仲間が賭け金を総取りし、負けた選手側は1バーツももらえない。たとえばA選手とB選手の試合のファイトマネーが1万バーツの場合、A選手の仲間10人で1000バーツずつ出し合って1万バーツ集め、B選手は、5人で1万バーツを集めたとする（何人で出し合ってもいい）。

---
[1] 薬師寺1999, p.113.

6-1 ラジャダムナン・スタジアム。1階は観光客用。2階・3階はすべてギャンブラーで占められる。(撮影：石井要)

　この2万バーツは試合が終わるまでレフェリーのニュートラルな場所に保管される。試合が終わり、A選手が勝てば2万バーツを10人の仲間で分け合い、1人2000バーツを得る。B選手が勝てば、2万バーツを5人で分け合い、1人4000バーツを得る。勝てば出した額の倍の2万バーツがもらえ、負ければ1バーツももらえないということになる。

　③は個人が賭け率に応じて複数の人と賭けをするというもの。本書では「ギャンブル・ムエタイ」と呼ぶ。これは、現在のバンコクのメインスタジアムのムエタイ・ギャンブルで主流になっている方法で、胴元はなく、個人と個人で行なうギャンブルである。基本的にはどちらが勝つかという単純な賭けで、賭けのタイミングは、最も早い段階ではワイクルーを舞う時の選手の身体の仕上がり具合を見て仕掛けるが、1ラウンドの様子を見てから賭けてもよいし、2ラウンドでも3ラウンドでもいつ賭けを始めてもよい。賭けを受ける人間がいれば、その時点で成立する。

　たとえば2ラウンドの終わり、指で特有の賭けのサイン（97ページに掲載）

を示して、「2対1で1000バーツ、赤」と声を上げる。「自分は赤コーナーの選手に2対1で1000バーツ賭けるから、誰か勝負しないか」という意味である。受ける相手が出てくれば賭けが成立する。もし赤が勝てば相手から1000バーツを受け取り、負けたら相手に2000バーツを支払うことになる。

6-2 「ギャンブル禁止」と書かれたラジャダムナン・スタジアムの1階席。「この場所ではギャンブルをするな」ということであろうか、それとも「ムエタイでギャンブルをするな」ということであろうか？ ギャンブルは場所をわきまえましょうということなのであろうか。

6-3 タイ語で書かれた3階席の入場料「230バーツ」。タイ語で書かれているのは、タイ人と外国人の入場料が違うからである。3階席はギャンブラーの入場席である。外国人ならば1000バーツ（約3000円）するが、タイ人ならば230バーツ（約690円）である。

　早い回に行なわれる賭けでは、「俺は赤に1000賭ける」という声が飛ぶ場合が多いが、これは1対1のイーブンで賭けたいという意味である。青コーナーの選手に賭ける相手が名乗りをあげれば賭けは成立し、勝敗によりどちらかが1000バーツを得、どちらかが1000バーツ失うことになる。
　損をしたくなければ、別の相手を探して、自分で決めた賭け率を提示し、対戦相手に賭ければいい。このように保険のような賭けで損失を防ぐこともできる。試合の流れを見て、選手のどちらが優勢に試合を進めているか判断し、自ら賭け率を提示して勝負相手を探すのである。このような行為がラウンド毎に無数のカップルの間で繰り広げられるのだから、スタジアム全体が喧騒の渦と化すのは当然である。
　賭け率を示すサインは次のページのとおりである。

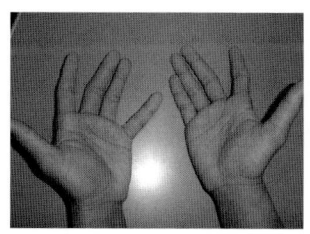

第 6 章　ギャンブル・ムエタイ

6-4　賭け率 10 − 1 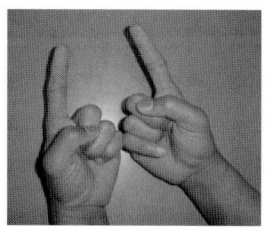　　　　　6-5　賭け率 1 − 1 　　　　　6-6　賭け率 2 − 1

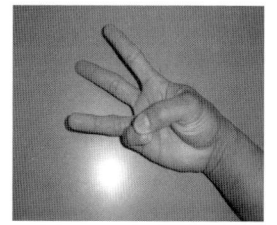

6-7　賭け率 3 − 1 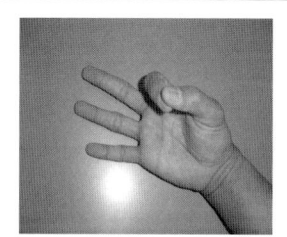　　　　　6-8　賭け率 3 − 2 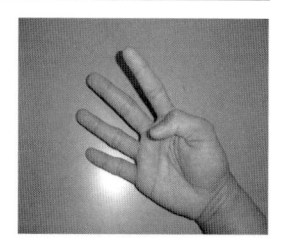　　　　　6-9　賭け率 4 − 1

6-10　賭け率 5 − 3（親指小指を動かす） 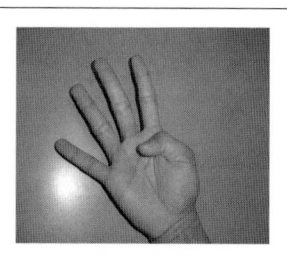　　6-11　賭け率 5 − 4（親指を動かす） 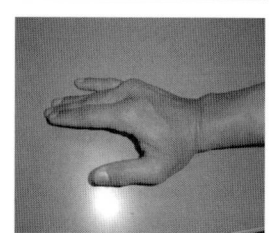　　6-12　賭け率 7 − 4

参考　*Monthly Muaythai*, Vol.1, Sisico Promotion, 2001, p.7.

6-2. 賭け試合

　「賭け試合」は、たいてい1：1のイーブンの賭け率で行なわれる。現在でも東北タイの試合では頻繁に行なわれ、バンコクのメインスタジアムでも時折見られる。Vailはこの「賭け試合」のことを「インサイドベット」と呼んでいる[2]。観客を含まずに、選手を含めた対戦するジムとジムの間で賭けをするからであり、ムエタイ・ジムや村など、グループの共同性や団結を確認するという意味があると言えよう。

　東北タイのウボンラーチャターニー県で賭け試合に臨む少年の家族に話を聞いた（2007年8月11日）。

　ペットマイチラウボン君13歳（49キロ、ファイトマネー2000バーツ）は中学生ムエタイ選手で、カーイサンペット・スタジアムで1万バーツの「ドゥアンパーン」（賭け試合）に出場する。彼の父親であるポースタウィーさん（48歳）は、建築資材を運ぶ運転手であり、少年のジムの会長兼専属コーチでもある（寺祭りでムエタイの試合に出た経験がある）。

　「息子の試合に1万バーツの賭け金を集めるのはすごく苦労がいるけども、それでもジムの仲間や応援者などからお金を集めます。お金を出してくれるのは、親戚、仲間、私の友人などです。相手も1万バーツを用意してくるので、合計2万バーツになり、勝ったほうが全部もらいます。もらった金は賭け金を出した人たち全員で出した割合に応じて分けます。私たちは子どもの我慢する心を信じてこの賭け試合をするのです。お金を出してくれる人もみな同じ気持ちです。子どもを信じてくれるからお金を出してくれるのです。イサーン（東北タイ）では、観客のギャンブルではなく、ドゥアンパーン（賭け試合）が多い。バンコクのようにビジネス本位じゃないから、イサーンのムエタイ試合は面白いのです」

　賭け試合を興行するプロモーター（通称ビッグ・ウ、64歳）にもインタビューした（2007年8月10日）。彼は先月、合計金額100万バーツの賭け試合を行なったと言う。

　「バンコクのスタジアムでは少ないけれども、こちら（ウボンラーチャター

2　Vail 1998, p.132.

第 6 章　ギャンブル・ムエタイ

6-13　賭け試合に臨む選手と家族。父親も姉も少年の賭け試合に金を出し合う。(2007年8月11日、ウボンラーチャターニー県)

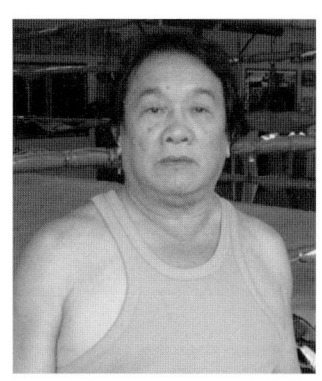

6-14　プロモーター、64歳。(2007年8月10日、シットヌンウボン・ジム)

ニー県)ではよく賭け試合を行ないます。これは負ければ損も大きいけれども、勝つと全額が自分のものになるから面白い興行です。ここら辺には100ぐらいのムエタイ・ジムがあって、月に1度くらいは賭け試合興行をします。この賭け試合は、選ばれた選手を信じるためにやります。父親、母親の他、友達やトレーナーまでが、みんなグループであることを示すためと、たがいの心を信じるためにやるのです。バンコクの賭けは金儲けだけの賭けだけど、イサーンのムエタイはジムや仲間の名誉のための賭けだから、シラパ(芸術性)が高いのです」

彼はジムのオーナーやプロモーターをやりながら、ラジオのムエタイ放送の解説までしていると言っていた。

6-3. ギャンブル・ムエタイ(個人対個人の賭け)

ラジャダムナン・スタジアムでは日曜日に新人選手のムエタイ興行が行なわれる。1階席の観光客以外は少なく、ギャンブラーもまばらである。

この日曜日の興行において、一般的なギャンブラーの賭け方を調査した(2007年8月19日、Pracuab Paoin プロモーター)。被調査者になってくれたのはウィンさん(30歳)である。彼は、大学卒で1ヵ月の給料が2万8000バーツ。年齢からいくとかなりな高給取りで、タイ人の中産階級に属すると見てよいだろう。本日のムエタイ・ギャンブルの準備金は4万バーツである。

▶▶▶ 賭け試合のプログラム ◀◀◀
（2000年8月11日、コーラート県での賭け試合）

ศึกดาวรุ่ง จ.ประสิทธิ์ชัย

ขอเชิญชมมวยรายการนัดยิ่งใหญ่ไอ้แอ็ดกล่มเดิมพัน
ศุกร์ที่ 11 สิงหาคม 2543 เริ่มแข่งขัน เวลา 20.00 น.
ณ สนามมวยเวทีค่ายสุรนารี
จัดโดย จ.ส.อ. ประสิทธิ์ บุญเศียร

ประกบคู่มวยโดย จ.ส.อ.ประสิทธิ์ บุญเศียร พร้อมทีมงาน, เป๋ ป.รุ่มจิ๋ม, จิงโจ้ สิงห์ ตลาดสด, จ.ส.อ.ณรงค์สันต์ งานในเมือง, จ.ส.อ.ตระกูล อุ่นแก้ว

สนับสนุนโดย พ.อ.พจน์ เหรียญมณี พ.ท.สมศักดิ์ ยนจอหอ พ.ต.ประดิษฐ์ คำแลง นายสมศักดิ์ พัวลกูล กำนันเชิด เปงกลาย นายทรัพย์ ยศกลาง เอ. ม.11 ด่านขุนทด เจ้าของศึกเพชรทองคำ เสี่ยอุทัย จันกลิ่น เจ้า ของศึกดาวรุ่ง ช.อุทัยการช่าง

名前	所属ジム	体重	賞金額	住所
คู่ที่	ชื่อนักมวย	ชื่อคณะ	น้ำหนัก	เดิมพัน	ที่อยู่
1	แรมโบ้น้อย	ลูกสุรธรรม	34	4,000 บาท	ค่ายสุรธรรม
	พยัคฆ์ดำ	ก.สืบชาติ	34		โคราช
2	ฝนหลวง	จ.ประสิทธิชัย	34	6,000 บาท	โคราช
	ดีเชลเล็ก	ช.เจริญ	34		โคราช
3	เด่นนคร	ลูกทับปรั้ง	35	10,000 บาท	ปะคำ
	ลาวน้อย	ศิษย์เขียนอ้วน	33		เมืองคง
4	สุวิทย์เล็ก	ศิษย์สุเมธ	31	10,000 บาท	ห้วยแถลง
	ชัชวาลย์	ศูนย์กีฬาเยาวชน	31		โคราช
5	เดชไพรินทร์	ส.สุวัฒน์	40	10,000 บาท	ชุมพวง
	ชีตอง	ลูกหนองยางทอย	40		ลำนารายณ์
6	ประสิทธิชัย	ศิษย์สามพยัคฆ์	28	10,000 บาท	ขุนเข่าจากบุรีรัมย์
	งาดำ	ศิษย์ป่าพันธ์	28		ขุนเข่าจากชัยภูมิ
7	แสน	พ.นอบน้อม	30	10,000 บาท	ขุนเข่าจากลำนารายณ์
	แจ๊ค	ลูกสมานราช	30		ขุนเข่าจากโนนสูง
8	พลังแสง	ส.สุวัฒน์	28	10,000 บาท	แข้งซ้ายผ่านตลอดจากชุมพวง
	ณรงค์เพชร	ช.ศิษย์สมจักร	28		ขุนเข่าพันธุ์จากหนองพวงมะนาว
9	ชีพ	ส.นุษ กาก	30	10,000 บาท	บ้านใหญ่
	ศิลาชัย	ศิษย์ครูเยี่ยม	30		ขุนเข่าจากนางรอง
10	วันองชัย	ศิษย์กีฬาเยาวชน	35	20,000 บาท	สุดยอดฝีมือจากโคราช
	มะนาวน้อย	ส.วิจิตรตรา	35		ขุนเข่าจากชัยภูมิ
11	กุหลาบทอง	ส.สมพงษ์	35	20,000 บาท	ขุนเข่าจากสิงสาง
	พรศักดิ์	ปัญญาทิพย์	35		ขุนเข่าจากชัยภูมิ
	รองคู่เอก
12	เชิงชัย	แก้ววิษณุ (ส.วันชาติ)	47	40,000 บาท	จอมฝีมือจากโคราช
	สุรฤทธิ์	เพชรหนองกี่			ขุนเข่าพันธุ์จากสิงสาง
	คู่เอก

6-16 ラジャダムナン・スタジアムのジャッジ席。採点の途中経過がギャンブラーたちに見られないように工夫されている。

①第4試合（赤コーナー Sriphet Sor.Somboon、青コーナー Pichitchai 96 Peenang）バンコク

【1ラウンドの中盤】Aと賭け率を赤7：青4で、青コーナーの選手に100バーツ賭けた（赤が勝てば700バーツをAに払い、青が勝てばAから400バーツをもらう）。

【3ラウンドの中盤】Bと赤5：青2で、青に賭けた（赤が勝てば500バーツ払い、青が勝てば200バーツもらう）。

【3ラウンドの終了時】Cと赤15：青1で、今度は赤コーナーの選手に賭けた。3ラウンド終了時に青コーナーの不利を察知して反対側に賭けたのである（赤が勝てば、1500バーツもらい、青が勝てば100バーツ払う）。

　最終結果は赤コーナーの選手の逆転勝ちに終わり、300バーツ儲けることができた。

　1ラウンド、3ラウンドは、青コーナーの選手に賭けているため、Aに700バーツ支払い、Bに500バーツ支払った。最後は、Cとの間に赤コーナーの勝ちに1500バーツ賭けていたので、Cから1500バーツをもらった。合計するとAとBにマイナス1200バーツ、Cからプラス1500バーツで300バーツの儲けがあった。

　もし、青コーナーの選手が勝った場合は、Aから400バーツもらい、Bから200バーツもらい、Cに1500バーツを払っていたので、900バーツの損失であった。

②第6試合（赤コーナー Jaded Sor. Sirisak、青コーナー Laysak Por. Kamron）
【1ラウンド終了時】Aと掛け率赤5：青1で500バーツを青コーナーに賭けた（青が勝てばAから500バーツをもらい、赤が勝てばAに2500バーツを払う）。
【2ラウンド終盤】Bと赤6：青1で500バーツを青コーナーの勝ちに賭けた（青が勝てばBから500バーツをもらい、赤が勝てばBに3000バーツを払う）。
【3ラウンドの終盤】Cと赤12：青1で、今度は100バーツを赤コーナーの選手に賭けた（青が勝てば、Cに100バーツを払い、赤が勝てばCから1200バーツをもらう）。

　最終結果は、青コーナーの選手の勝ちであった。Aから500バーツをもらい、Bから500をもらい、Cに100バーツを払った。900バーツの儲けが出た。
　もし、赤コーナーの選手が勝った場合は、Aに2500バーツ払い、Bに3000バーツ払い、Cから1200バーツをもらっていたので4300バーツの損失であった。

　一般的なムエタイ・ギャンブルは上記のように行なわれる。ウィン氏は、1日の賭け金は多くて1万バーツだと言う。彼らのように小額を賭けるのは「ナック・パナン」と呼ばれ、大きな賭けをするムエタイ専門のギャンブラーを「シアン・ムエ」と呼ぶ。

　賭け金が多いのはメインイベントの試合である。ウィン氏は、KOでなければ、4Rの後半までに有利に試合を進めた選手が勝つ場合が多いと言う。しかし、ウィン氏によれば、シアン・ムエのムエタイ選手の特徴を見抜く目は鋭く、スタミナのある選手、根性のある選手、どうしても金が必要な選手などの情報をよく知っており、負けそうになっても一発逆転をする可能性のある選手に賭けては、大儲けするそうである。彼によれば、シアン・ムエはプロモーターやジムのオーナーと関係が深く、時にはレフェリーの採点に大きな影響を及ぼすと言う。

　シアン・ムエに聞くと、ジャッジの採点で一番高いのは確実な膝蹴りであると言う。シアン・ムエは、自分が勝たせたい選手の膝蹴りが入ったときには大きな声を掛け、レフェリーにアピールする。膝蹴りはパンチよりいい点数になるので、シアン・ムエのアピールで負けそうな選手が逆転勝ちをする場合がしばしばある。

6-17　シアン・ムエのロバート氏。（2007年8月23日）

6-18　シエン・ムエのひとり。「今日は3万バーツ（9万円）勝ったよ〜」と喜ぶ。「だいたい平均すると毎月1万〜3万バーツは勝っているんだ」と言っていた。（2011年3月2日、ラジャダムナン・スタジアム）

6-4. スタジアム外のムエタイ・ギャンブル

　ムエタイ・ギャンブルはスタジアムの外でも盛んに行なわれる。代表的なのは、「ボクシング・ルーム」（ホーン・ドゥー・ムエ）と呼ばれる部屋でテレビのムエタイ放送の実況中継を見ながら行なうムエタイ・ギャンブル「レン・ムエ・トゥー」である。近年では、携帯電話を持ったスタジアムのギャンブラーがスタジアムに来ることができない地方のギャンブラーたちに情報を提供しながら行なわれる。

　「ボクシング・ルーム」は、登録費を支払って営業している娯楽場であるが、部屋にはテレビと雛壇状にならぶ客席しかない。そこには賭けをしない客は入ることはできない。テレビ中継でビッグ・マッチが放送される日には、ムエタイ・ギャンブルをする人がここに集まる。軍人や警察官もよく賭けに来ると言う。テレビ放送されているムエタイを見て賭けをすることは違法である。しかし、この店でムエタイ・ギャンブルをして逮捕者が出たことは過去に一度もないという。

　賭けは農村でも行なわれる。メコン川に面したルーイ県チェンカン郡のK村で私が目にした村のギャンブルは次のようなものであった（2000年9月3日）。土曜の昼11時30分、村のある家に30歳から65歳の男性が9人集まり（いつ

104

6-19　ボクシング・ルームの観客席

6-20　ボクシングルームのテレビ（1999年10月13日、東北タイのヤソートーン県）

6-21　ギャンブルをしている村人たち（2000年9月3日、ルーイ県チェンカン郡K村）

もはこれに高校生2人と主婦が1人加わるという)、屋外まで聞こえる大歓声を発しながら、チャンネル3のオームノーイ・スタジアムからのムエタイ中継を観戦し、賭けに興じていた。

　ここには賭けの胴元は存在しない。全員がワイクルーか1ラウンドまでの動きを見て、赤コーナーか青コーナーか、賭けるコーナーを告げ、20バーツを袋に入れる。試合が終わって、勝ったほうに賭けた者には袋の中の金が分配され、敗者に賭けた者は20バーツを失う、という単純なものである。村ではスタジアムと違い、1ラウンドで賭けはほとんど終わっている。しかし、2ラウンドで再び賭けを受ける人があれば賭けは再開される。

　このように地方の村でもムエタイの賭けは公然と行なわれているが、軍人がプロモーターなので、警察が踏み込むことはない。サイコロ賭博はその数日前にも逮捕者が出たばかりであるが、ムエタイ・ギャンブルだけはこの村ではまだ捕まった者はいないという。

　興味深いのは、テレビの実況アナウンサーが、視聴者が賭けを行なっていることを前提にした放送をしていると思われることである。アナウンサーはワイクルーから1ラウンドが終わるまでのあいだに、両選手の情報を詳しく述べる。出身地、年齢、身長、体重、得意技、戦績、さらにファイタータイプであるとか、クレバーなボクサータイプであるとか、チャイローン（短気である）で後半に負けやすいとか、どういう相手に強いとか、何キロ減量したとか。試合中も選手の名前は呼ばず、赤の選手、青の選手と言うだけである。これでは、ムエタイの生中継がエンターテイメント性の強い格闘技番組というより、ギャンブルをする人のために放送されているからだと言われてもしかたがない。

　ムエタイの実況放送は、録画は一切なく、すべてが生放送である。そして、タイの法律で「各テレビ局は、週に2時間以内のムエタイ中継のみ許される」[3]と定められている（1989年）。その理由をムエタイファンにたずねると「各テレビ局が無制限にムエタイ中継を行なったら、タイ人はみんなギャンブルをやるので誰も働かなくなるからです」と苦笑した。

　またラジオでも、ムエタイやサッカーの情報を発信するFM.99は、ギャンブル用の情報番組として知られている。このFM放送を愛好しているのが、タクシーの運転手たちである。タクシー運転手が集まるホテル前や空港付近でこの

3　National Culture Commission 1997, p.60.

FM放送を聞きながらギャンブルに興じる姿を何度も目にした。

6-5. スタジアムの情報屋

　テレビでのムエタイ・ギャンブルには、スタジアムの情報屋が存在している。彼らはスタジアムで行なわれているギャンブルの賭け率をいち早く場外や地方で中継を見ているギャンブラーに伝える。

　この情報屋で最も有名なのは、シアン・ウである。シアン・ウは、1ヵ月の売り上げが100万バーツ、税金だけでも10万バーツを支払うムエタイの情報屋である。[4] 彼は、携帯電話を使ってタイ人ギャンブラーのいる世界各地にスタジアムの賭け率の情報を流している。台湾、香港、マカオはもちろんのこと日本にいるムエタイ・ギャンブラーにまで情報を流していると言う。

　シアン・ウは1978年頃、テレビの普及と共に、スタジアムの「ギャンブル情報を送る商売」を思いついた。スタジアムの前で、あるいはスタジアムの中で朝の選手の計量後にギャンブラーと情報を送る契約をする。それは、テレビに映る場所にいて、あらかじめギャンブラーと取り交わした合図で情報を送るというものである。たとえばタバコを吸い始めると3：2でという意味であり、赤コーナーの柱の側に立ったら赤有利、柱から遠い所に立ったら青有利という具合である。テレビ放送が始まった頃は、放送が月に数回しかないため、情報料の収入は1ヵ月で700バーツから800バーツであったが、しばらくすると彼の情報料の収入は5万バーツにまで上昇した。

　その後、ポケットベルが普及し始めると、ポケットベルで情報料を払ったギャンブラーに配信しはじめる。たとえば、11＝青有利、22＝赤有利であり、その後に続く数字が賭け率である。赤有利で賭け率3：2の場合は、ポケットベルの表記が22-3・2と配信する。彼は、この頃、放送に映る合図とポケットベルの情報送信で1ヵ月の収入が10万バーツ以上になった。

　携帯電話が普及し始めると、オートメッセージ機能を使って試合の賭け率や予想などを聞けるサービスを始めた。1分間の料金が9バーツで、1試合でも100人以上がオートメッセージを利用する。1ラウンド3分で1試合に5ラウンドあるから5×3＝15分、15分×9バーツで、1試合の情報料が1万3500バーツ

4　2007年8月24日、ルンピニー・スタジアムでのシアン・ウへのインタビュー。

6-22 複数の携帯電話を持った情報屋（2006年8月26日、ラジャダムナン・スタジアムの2階席）

6-23 シアン・ウ（2007年8月24日）

になる。1日に試合は7、8回あるから、1万3500×7=9万4500バーツ。1日の情報料が9万4500バーツになる。大きな興行には必ずテレビ放送があるので、月の収入は40万バーツから50万バーツになった[5]。

このようにして、シアン・ウは「情報屋」として巨万の富を得た。現在では、このような情報屋が何個もの携帯電話を持ってスタジアムの中を駆けまわっている。

6-6. ギャンブル・ムエタイ化

近代スポーツ化したムエタイは、いつどのようにしてタイ全土に広がり、ギャンブル・スポーツへと変容したのだろうか。*Sinrappa Muaythai*には、以下のようにムエタイ・ファンの変化が述べられている。

1978年、ムエタイは、バンコクだけでなく、地方に住む人たちにまで人気が出るようになった。バンコクでは毎日ムエタイが興行され、土日は午前と午後の2回試合が行なわれて、午後の試合はテレビとラジオで放送されるようになった。放送の中心となるのはラジャダムナン・スタジアムとルンピニー・ス

---
5 U 2006.

6-24　*The Thai Boxing Magazine*, 1980.9.11.

タジアムである。この頃、ムエタイは、スポーツというよりもビジネスになっていた。理由は観客にギャンブルを行なう人が多くなってきたからである。わざと八百長試合をする選手も出てきた。ムエタイは良くない方向へ向かっていた。ムエタイの試合がギャンブルをする人に影響されるようになってきたのだ。ムエタイ選手はムエタイにあるすべての技を使わなくなり、限られた技で闘うようになった。そして観客もワイクルーを見たがらなくなった。長いワイクルーを舞う選手にはブーイングが起きるようになった。[6]

1980年に出版された *The Thai Boxing Mgazine* には、次のような記事が掲載されている。

　不景気のせいでタイ人の生活が困窮している。犯罪をせずにいるための最後の希望はギャンブルとなる。宝くじはもちろん、競馬場も毎週大盛況である。国の芸術とも言われるムエタイのリングでも現在の観戦者の99％はムエタイ・ギャンブルをする人である。もっといい生活をするために、人々はギャンブルを仕事としてやり続ける。[7]

　タイではスポーツにはギャンブルがつきものである。ムエタイも例外ではなく、現在のスタジアムの観客はギャンブラーが大多数を占めている。しかし、ラジャダムナン・スタジアムのオーナーのチャルンポン氏は「ラジャダムナン・スタジアムが創立した当初（1945年）からギャンブラーの存在はあったがその数は少なく、またムエタイ・ギャンブルは現在のようなギャンブル方法ではなく、どちらかの一方が勝つか負けるかを競うものでした」と語る。[8]

6　National Culture Commission 1997, p.58.
7　*The Thai Boxing Magazine* 1980, 10.9. p.14.
8　2007年8月27日、ラジャダムナン・スタジアムで。

第 6 章　ギャンブル・ムエタイ

　これは6-1.ムエタイ・ギャンブルの種類の①「ドゥアンパーン」である。このドゥアンパーンは、どちらかの選手が勝つか負けるかという単純なギャンブルであり、たいていの場合、1対1の賭け率で行なわれる。
　しかしながら、現在スタジアムで主流になっているギャンブルはこのような関係者間（インサイド）で行なう賭けではなく、③のように賭け率（ラーカー・トー・ロン）を利用し、どちらの選手にも賭けられ、5ラウンドが終わるまで、誰とでも賭けられる観客間のギャンブルである。このマネーゲームのようなギャンブルが現在のスタジアムで行なわれている基本的なムエタイ・ギャンブルであり、このようなギャンブルを行なうギャンブラーが増加したのが近代ムエタイをギャンブル・スポーツへと変容させた原因である。
　では、このようなギャンブラーはいつ頃から増加したのであろうか。オールドムエタイ選手に「ムエタイのギャンブラーはいつ頃から出現したのか」という質問をした。
　タムマサート大学ムエタイ部のデン師範（72歳）は「ラジャダムナン・スタジアムができた1945年には、まだギャンブルをやる人は少なかった。多く見積もっても10％もいませんでした」と答えた。[9]
　タイ政府の後援で設立されたムエタイ・インスティテュートのアムヌエイ校長は「自分の現役時代（1958年引退）は、ギャンブルをする人が10％ぐらいしかいませんでしたが、プット・ローレック選手（1960年代後期から1977年頃）の頃からこのようなギャンブルをするムエタイ・ギャンブラーが増えはじめました。それまでは（1960年代）、まだそれほどギャンブラーはいなかった」と言う。[10]
　ラジャダムナン・スタジアムのオートゥー・プロモーター（59歳）は、「ムエタイの興行に関わって約40年たつけど、最初の頃（1960代後期）は、スタジアムにギャンブラーが30％もいなかった」と言っている。[11]
　1973年にラジャダムナン、ルンピニーの両スタジアムで試合をした長江国政師範[12]は「ルンピニー・スタジアムもラジャダムナン・スタジアムもギャンブラーはいたけども、そんなに気にならなかった。いたとしても3割くらいだろう」

9　2007年8月16日。p.199参照。
10　2006年1月12日。
11　2006年1月19日。
12　元WKA世界フェザー級チャンピオン、治政館（埼玉県三郷市）館長。2007年9月12日。p.205参照。

と言った。

　次に、ムエタイの情報誌をもとにギャンブラーの増加について調べた。1950年代に出版された *Gira*（キラー＝スポーツ）、*Giramuay*（キラームエ＝ムエタイ・スポーツ）、1960〜70年代に出版された *Boxing* の内容を見ると、選手の動向や試合結果のほか、試合の予想記事などギャンブルをするために有用な情報が掲載されていた。[13]

　1955年に出版された *Boxing* には、以下のような八百長試合の記事が掲載されている。

　「クライサックは1ラウンドに蹴り技の連打でポーンセンをノックアウトしたが、モンシットが八百長の試合をしていたのが発覚したのである。モンシットは真剣な試合を演じていたが、八百長が発覚するとレフェリーから追放を言い渡されて、サックモンコン・ムアンウボンとの試合も無効試合になった」[14]

　このような記事から、1950年代には既にムエタイの興行に大きな金銭の動くギャンブルが関与していたことがわかる。

　しかしながら、先に述べたムエタイ・ギャンブルの重要な要素である「賭け率」は、1985年までのムエタイ情報誌の誌面には見当たらない。ムエタイ情報誌 *Muay Too*（ムエ・トゥー）の記者であるプーンペットペットマイ氏（45歳）は「私が初めて雑誌に賭け率を見つけたのは、1985年の *The Champ* でした。この頃からテレビのムエタイ実況を見て賭ける人が増えたのでしょう」と語った。[15][16] 彼によれば、それまでのムエタイの情報誌には賭け率が掲載されていなかったと言う。私が入手した1986年の *Fighter* の「目の見えないシアン・ムエ」というコラムに次のようなことが書かれている。

　1986年1月14日、サムローン・スタジアムのキオソーン・ソーカノクラット（赤）対ポーンテープ・シット・シアンナイ（青）の試合は、3ラウンドまではキオソーンが7対1でムエ・ローン（負けそうな選手）で、ポーンテープに勝てそうにもない。キオソーンに賭けた人はみな黙りこんでしまった。しかし、4ラウンドに入りキオソーンは、よく膝蹴りを使い始め、応援団の声も大

13　*Gira*, 1951.2.11, 1951.4.15, 1951.3.4, 1956. 8.13. *Giramuay*, 1951.1.14. *Boxing*, 1955.12.13; 1966.2.28, 1971.5.30.
14　*Boxing*, 1955.12.13, p.4.
15　*The Champ*, 161, p.33.
16　2007年8月22日。

6-25 *Muay Too*の記者プーンペットペットマイ氏が初めて賭け率が書かれたのを見つけた *The Champ*（161号、1985年11月15日）。

きくなった。シアンノイ（目の見えないシアン・ムエのニックネーム）は、「キオソーンが必ず勝つからもう大丈夫だ」と仲間に告げた。4ラウンドが終了した時にキオソーンが5対2でムエ・トー（勝ちそうな選手）になっていた。[17]

　先にあげたプーンペットペットマイ記者の言葉にあるように、1985年頃からこのような賭け率がムエタイ情報誌に登場したのであるならば、この時期には既にムエタイのスタジアムでは賭け率を使ったギャンブル方法が主流になっていたのであろう。ギャンブラーたちもドゥアンパーンのような賭け（勝つか負けるかの1対1の賭け）では、幸運に頼るだけのギャンブルしかできない。しかし、賭け率を使ってラウンド毎に賭ける相手と賭け率を変更していけば、最終的に自分のムエタイを見抜く力量によって儲ける確率が高くなる。このようにして賭け率を使うムエタイ・ギャンブルが盛んになり、それを生業にする人たちも出現してきたのであろう。

　ムエタイ・インスティテュートのアムヌエイ校長は、プット・ローレック選手の活躍した時代からギャンブラーが増えだしたと述べているが、それはこのギャンブル方法のことである。

　この頃、ラジャダムナン・スタジアムはプロモーター制度を開始した。プーンペットペットマイ氏は *Muay Too* の985号で以下のように述べている。

　「1957年頃のムエタイは、今のようなビジネス・スタイル（ギャンブル・ムエタイを中心とする興行）ではなかった。ラジャダムナン・スタジアムの経営が悪化し赤字興行になってから、それまでのマッチメイクの役割をスタジアム

17　*Fighter*, 48, p.25.

が辞め、外部の人間（現在のプロモーター）と契約して、ギャンブラーを集める興行のスタイルを1957年から1972年にかけて徐々に増やしていった。

　ラジャダムナン・スタジアムができてから1957年までは、クルー・ムエ（ムエタイの師範）がスタジアムへ行き、自分の弟子を紹介して試合に出場させていた。マッチメーカーは好き嫌いが激しく、自分の好みの選手や自分に親しい関係があるジムの選手を勝たせようとすることが多かった。汚い手を使って不公平な試合をマッチメイクする。自分の利益になる選手に勝たせ、自分と関係のない選手には強い相手と闘わせたりするのである。観客はこのような不公平な試合が続くことが嫌になり、見に行かなくなった。これが原因でスタジアムが赤字になったのである。それから、徐々にギャンブルを行ないやすい公平なプロモーターがムエタイの業界に入ってきて、ムエタイ選手の数も増加した。ムエタイがビジネスとして確立したからである。それまでのムエタイ選手は、職業というよりもムエタイが好きでやっていた選手ばかりであった。1977年頃にアピデット、アドゥン、プット・ローレック、プットパートノーイが活躍した時期が終わると、完全に今のようなムエタイ興行になっていた」[18]

　このように、ムエタイの興行がエンターテイメント性ではなく、ギャンブラーを集める興行に変容したのが、だいたい1957年から1972年の間で、賭け率を駆使したギャンブル方法が主流になったのもこの時期からと見てよいだろう。

　ギャンブラーが増えたことの象徴がスタジアムの3階席を仕切る金網が設けられたことである。ラジャダムナン・スタジアムの観客席は3段階に客層を分けている。現在の入場価格は、リングサイドである1階席の入場料が2000バーツ（約6000円）であり、この席は観光客を中心とした外国人用である。2階席は460バーツ（約1380円）であり、プロギャンブラーやプロモーターなど大金を賭けあう人々の空間となっており、一般人はめったに入らない。3階席は、金網で仕切られた空間で、料金は一番安い230バーツ（約690円）である。観客のほとんどは労務者風であり、半ズボンに草履履きでも許される。観客には粗暴な振る舞いも目立ち、度々乱闘などが見られる。賭け金を持たずに賭けて、負けたのに賭け金を払わずに逃げる者もいる。彼らは見せしめにスタジアムの外に写真を貼り出される。

　プロモーターの話によれば、ラジャダムナン・スタジアム創立当初は、3階

18　*Muay Too*, 985, 2005.8.5.

第6章　ギャンブル・ムエタイ

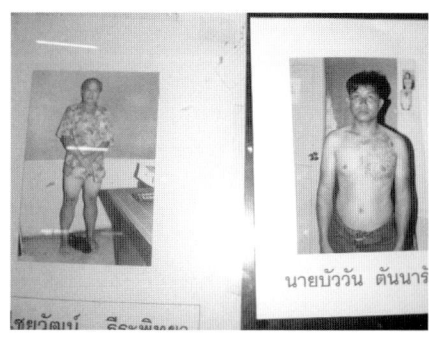

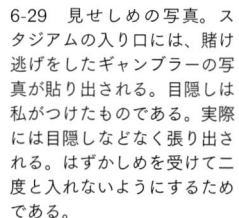

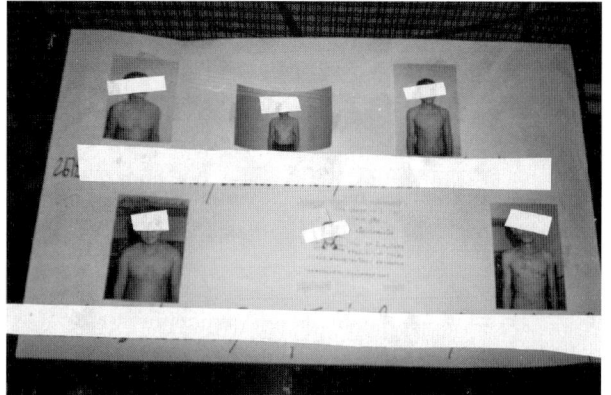

6-29　見せしめの写真。スタジアムの入り口には、賭け逃げをしたギャンブラーの写真が貼り出される。目隠しは私がつけたものである。実際には目隠しなどなく張り出される。はずかしめを受けて二度と入れないようにするためである。

席を分けるのは金柵だけで金網はなかった。しかし、ギャンブラーが増えてきた30年程前（1970年代後期）、試合の最中に乱闘になったり、試合の結果やレフェリーの判定に不服のギャンブラーが空き缶などをリングに投げつけたりするようになったため、3階席の金柵を天井まで伸ばし、金網で仕切られた空間を作ったのだという。[19]

　現在のラジャダムナン・スタジアムでは、3階席に入る前に、金属類や刃物を所持していないか、センサーの付いた探知機で身体検査される。缶ジュースなどを持って入ることはできない。スタジアムの売店でプラスチックの容器に入った飲料水を購入することはできるが、缶入りの飲料水は販売されていない。試合の結果に不服を持つギャンブラーが不穏な行動を起こすことの防止策の

[19]　2007年8月24日、シンノイ・オーナー（70歳）、オートゥー・プロモーター（59歳）、チャトィ・プロモーター（50歳）、ソンマークポンサク・オーナー（66歳）へのインタビュー。

6-26 金網で仕切られたラジャダムナン・スタジアムの3階席。

6-27 ルンピニー・スタジアムの入り口。ギャンブラーが続々入っていく。

6-28　スタジアムで予想屋が売っている「ウィチャーン・ムエ」。10バーツで売られている。斜線を引かれた選手が勝ちを予想されている選手の名前であり、中央が体重、右側が過去の対戦相手である。

1つである。

　つまり、ギャンブラーの増加は必然的に金網の3階席を金網で区切ることになった。それが1970年代後期だったということである。

　また、1985年頃にムエタイの情報誌にスタジアムで行なわれているギャンブルの賭け率が掲載され始めたのは、テレビの生放送を見て賭ける人々が現れたからだと考えられる。ムエタイの試合はすべて生放送であり、録画放送ではない。それは、テレビを見てムエタイ・ギャンブルを楽しむ人々のためである。ムエタイ・ギャンブルは、本来スタジアム以外では違法である。しかしながら、実際には、テレビを見てムエタイ・ギャンブルを楽しむのは、タイではごく普通に行なわれていることなのである。タイでは1985年からテレビが全土に急速に普及したという[20]。

　このように、1960年代にはスタジアムで少数の人がギャンブルを行なっていたが、1970年頃よりギャンブラーが増加し始め、1980年代に入るとスタジアム全体でギャンブルが行なわれるようになった。1985年頃からは、テレビの普及なども手伝い、賭け率を駆使したムエタイ・ギャンブルが、タイ全土で行なわれるようになったと考えていいだろう。

6-7. ギャンブル志向のマッチメイク

　現在、ムエタイ興行を手がける多くのプロモーターは、記念式典や特別な試合を除いて、ほとんどがギャンブルを前提としたマッチメイクを行なっている[21]。プロモーター自身もギャンブルをする。私の知る限り、ラジャダムナン・スタジアムの契約プロモーターでは、ソンチャイ・ラッタナスバンを除いてすべてのプロモーターがギャンブル志向である。

　Aプロモーターはラジャダムナン・スタジアムのUBC放送のムエタイ中継の興行を受け持つプローモーター・ヤイ（大きな興行主）として知られる。彼は元々チャイナタウンの片隅で賭場を営んでおり、その賭場を改修して今のムエタイ・ジムを作ったと話した。

20　Phongpaichit, Baker 1998, p.165.
21　国王陛下の誕生日を祝う式典や2005年のアンダマン沖地震の救済チャリティーマッチでは、オリンピックのゴールドメダリストのソムラックカムシンが中心の興行が行なわれていた。このようなギャンブルのない興行は稀である。

「自分は親が中国から来ました。だからヤワラート（チャイナタウン）に住んだのです。ヤワラートでは賭場をやっていました。その賭場を改修してこのムエタイ・ジムを作ったのです。20年前ぐらいにムエタイの選手を１人養いました。それがムエタイのジムを始めるきっかけですね。今は選手が30人ぐらいいます。入り組んだ所にジムがあって驚きましたか？　ここが賭場だったのです」[22]

　彼のようなギャンブル志向のプロモーターは多い。現在、彼は日本の国際式ボクシングとキックボクシングの興行のプロモーターとしてタイ人選手を派遣し、自身も幾度となく来日している。彼は日本のキックボクシングにはギャンブラーは関心を示さないと言う。なぜなら、日本のキックボクシングはギャンブラーの少なかった頃のムエタイと似ており、ファンはギャンブルのためではなく、スター選手を目当てにスタジアムへ行くからである。だから、日本のキックボクシングはエンターテイメント性が強くて有名な選手を出場させないと興行できないと言うのである。

　ワンパデット・プロモーター（44歳）は、プロモーターとジムのオーナーを兼ねている。彼のジムは小柄な選手ばかりのジムである。年齢も22歳くらいまでの選手が多く在籍している。どうしてあなたのジムは小柄な選手ばかりを集めるのですかと尋ねると、彼は次のように答えた。

　「うちは外国に選手を送らないから、ムエ・ヤイ（大きなムエタイ選手）はいません。自分の興行にもムエ・ヤイは使わない。ファイトマネーも高いし、お客さんも喜ばない。お客さんは小さい選手の方が喜ぶのです。ギャンブラーが一番好きなクラスは126ポンド（57.15キロ）です。動きが速いから。ギャンブラーは大きな選手はあまり好きではありません。逆転が少ないからです」[23]
（「選手の小型化」については後述する）

　このように、現在のムエタイはエンターテイメント性よりもギャンブルの行ないやすいマッチメイクに価値を置くようになってきている。ムエタイのスタジアムもプロモーターもみなギャンブルで興行収入を得ている状態なのである。プロモーターは、ムエタイの興行を毎日成功させ利益をあげるには、ギャンブラーが楽しめる試合を組まなくてはならないし、ギャンブラーがいない

22　2000年1月24日。
23　2006年1月14日。ルークタパカー・ジムで。

と毎日の興行ができないと語る。日本のようにギャンブル性のない格闘技の「イベント」にしてしまっては、宣伝が大変で手間がかかりすぎる。毎回、スター選手であるファイトマネーの高い選手を出場させないと、観客の興味をかきたてられないために、興行を持続するのが難しい。ギャンブル・ムエタイならば、スター選手の出場しない新人戦

6-30 チャーリー・タウンインタウン。

などの小規模な興行でもギャンブルはできるので、興行として採算が取れのである。

　こうしたムエタイ興行の現状は、実際に闘うムエタイ選手やムエタイ・ジムにどのような影響をおよぼしているのだろうか。

　チャーリー・タウンインタウン選手（37歳）は夜の歓楽街の用心棒をしながら現役選手を続けており、海外でもユニークなエンターテイメントボクサーとして名前が知られている。しかし、彼自身はラジャダムナンやルンピニーでは試合をするチャンスがないと言う。

　「僕はラジャダムナンとかルンピニーでは、試合はたぶんないよ。お客さんはギャンブル好きだし、プロモーターは小さい選手を選ぶから」[24]。彼によれば、スタジアムの観客はギャンブルを目的に来ているので、若くてスピードがあり、ポイントを取る選手を好む。彼のようなエンターテイナーは、テレビマッチでないとプロモーターが使いたがらないのだと言う。

　ラジャダムナン・スタジアムのオーナーであるチャルンポン氏に「外国で行なわれている格闘技イベントでは選手の入場時に好きな曲などを流して試合の興奮を盛り上げるが、ムエタイではなぜそのような演出をしないのですか」と聞くと、彼は「ムエタイは、スポーツです。エンターテイメントだけではありません」と答えた[25]。

24　2007年8月18日。歓楽街ソイ・カウボーイで。
25　2007年8月23日。ラジャダムナン・スタジアムで。

ラジャダムナン・スタジアムでは、興行が始まる前に、「クラーオ・キラー（みんなでスポーツをやりましょう）」という曲と「サンスーン・プラ・バラミー（王様の威光を尊敬する）」という国王賛歌が流れる[26]。ムエタイは体育局がルールを設定し、アマチュア・ムエタイ組織もあり、体育大学での必修授業、教育学部での選択授業にも指定されている[27]。これらは、ムエタイを国民的なスポーツにしたい、スポーツとして不動の地位を築かせたい、というナショナリズム高揚時代の国の意図が存続しているしるしと考えられる。

　さらに、チャルンポン氏は「もしムエタイが外国のキックボクシングのようにエンターテイメントになっていたら、誰も賭けをしない」と言った。チャルンポン氏に言わせれば、スポーツとは、すべての条件が平等であり、どちらかの選手に勝たせたいという興行側の狙いや演出があってはならないものである。しかし、タイ以外で行なわれているキックボクシングは、興行時に様々な演出が行なわれる。たとえば、出場選手の登場の順序や入場曲、選手の着用する衣装やガウン、登場する入り口までが選手の「格」によって異なる。選手の試合時間まで新人とベテランでは異なる。会場の興奮はメインイベンターが入場する頃に頂点に達するように演出される。

　一方、ラジャダムナン・スタジアム、ルンピニー・スタジアムは、新人からメインイベントまですべての選手が統一されたルールで試合を行ない。入場曲のような派手な演出もなければ、リングアナウンサーもいない。選手の履くトランクスもコーナーの色に準じた赤色か青色に統一されている。ファイトマネー以外は全選手、待遇が同じである。

　チャルンポン氏は、ムエタイはタイで毎日行なわれているスポーツであって、数ヵ月に1回行なわれる格闘技のエンターテイメントではないと主張する。ムエタイはエンターテイメントでなくて完全なスポーツであるからこそ、ギャンブラーも会場に来るのだということだ。タイ人のギャンブル好きについては第2章で述べたとおりだが、ムエタイはスポーツであるからこそギャンブル・ムエタイとなったという論理である。

26　この曲は映画館でも上映の前に放送される。
27　2005年7月25日、チュラーロンコーン大学チャチャイ准教授の御教示による。

6-8. ギャンブルのない国際式ボクシング

　タイにおいては、ムエタイと国際式ボクシングを兼ねている選手が多い。国際式ボクシングは、ムエタイとの同時興行で試合が行なわれるが、その扱いはムエタイより低い。ムエタイのメインイベントが終了し、興行の最後にもう1試合ムエタイの新人戦を終えてから国際式ボクシングの試合が始まる。その頃にはスタジアムの観客であるギャンブラーはほとんど帰ってしまい、観光客がまばらに残っているだけである。

　国際式ボクシングの試合に出場する選手は、国際式ボクシングがムエタイより危険なのにファイトマネーが安いと不平をもらすこともある。それでも国際式ボクシングの試合に出場する理由は、海外で高いファイトマネーがもらえるからである。ある団体の5位にランクされている選手は、以下のように言った。

　「（タイでは）ムエタイでは2万バーツ稼げるけど、国際式ボクシングでは1万バーツしかもらえない。だけど外国の試合では10万バーツもらえます。だから国際式ボクシングの試合もやっているのです。タイでは国際式ボクシングのファイトマネーは安いけど、ひょっとしたら海外で大きく儲かることがあるかもしれないから」[28]

　なぜタイにおいて国際式ボクシングはムエタイよりも扱いが低いのだろうか。海外のボクシング界に選手を派遣するBプロモーターは「タイでは、国際式ボクシングの興行では入場料が取れないのです。ギャンブラーが来ないから。だから、今はデパートとかのイベント会場でスポンサーを探してやるのです。カオサイ・ギャラクシー[29]の頃はまだ国際式ボクシングだけの興行でも儲けられたのだけどね」と言った。[30]

　タイは国際式ボクシングの世界チャンピオンを輩出している国だ。なぜ国際式ボクシングの興行が下火になったのであろうか。これをOプロモーターは以下のように説明した。

　「ムエタイとの同時興行ならスタジアムでもタイ人対タイ人の国際式ボクシ

28　2007年8月16日。ラジャダムナン・スタジアムで。
29　WBA元世界ジュニアバンタム級チャンピオン。世界タイトルを19度防衛したタイの英雄。
30　2007年8月24日。ラジャダムナン・スタジアムで。

ングの試合を組むことがあります。でもあまりお客さんは見ていない。国際式ボクシングの興行は、ほとんどがイベント会場やデパートで行なわれています。日本やインドネシアやフィリピンの選手を連れてきて、政治家の宣伝のために入場料無料で記念試合として興行するのです。それが習慣になってから、誰も入場料を払ってまで国際式ボクシングの試合を見に来なくなりました。でも一番の理由は、国際式ボクシングではギャンブラーが来ないからです」[31]

なぜギャンブラーが来ないのだろうか。Oプロモーターは「ギャンブラーは、ムエタイで賭けをしても国際式ボクシングではあまり賭けをしません。なぜなら、国際式ボクシングは勝つ方と負けるほうがわかりやすいので賭けが成立しにくいのです。スタジアムのギャンブラーもほんの少しの人しかやりません」と言う。

ムエタイ・ギャンブルをするシアン・ムエのロバート氏(52歳)も「昔は国際式ボクシングでもムエタイでも同じようにギャンブルをする人がいましたが、今はいません。国際式ボクシングは勝ちそうな方がわかりやすく、今のムエタイみたいに最後までどちらが勝つほうがわからないというものではないからね」[32]と言う。

彼の言う昔とは、1980年以前である。タイはまだ一般家庭にテレビが普及しておらず、タイ国民は国外の様々なスポーツのことをあまり知らなかった。ムエタイも国際式ボクシングも同じように相手を倒すことだけを求めた興行だった時代である。

国際式ボクシングを専門に扱っているボクシング情報誌 *Muay Lok*(ムエ・ローク＝世界のボクシング)1199号(2007年8月29日〜9月4日)、1200号(2007年9月5日〜9月11日)を調べたところ、世界のボクシングの情報だけで、ムエタイの情報誌のようにギャンブラーのため情報や賭け率などは一切掲載されていなかった。以下に *Muay Lok* の目次を掲載する。

---

31 2007年8月24日。ラジャダムナン・スタジアムで。
32 2007年8月24日。ラジャダムナン・スタジアムで。

● 1199号

1. ボクシング界を見る	6ページ
2. オレードング VS デン 12月5日	8ページ
3. サムエル・ピーターは本当にナイジェリアの世界ヘビー級のチャンピオンになれるのか？	10ページ
4. 優秀なボクシング選手　10人	12ページ
5. 新井田VS　ゲーホーン戦を覗く	16ページ
6. 世界ボクシングの現状を見る	18ページ
7. 世界ランキング（WBC）	20ページ
8. ショットジャブ	22ページ
9. ボクシングニュース	22ページ
10. ボクシングファンクラブ	24ページ
11. 頭脳1つと拳2つのプロジェクト	28ページ
12. タナット・タナーコーン氏の視界	37ページ
13. 元ボクシングスターのあの日を見る　アスーマー・ネイルソン	40ページ
14. 世界チャンピオンコーナー　イバン・ガルデロン	42ページ
15. 連載小説	44ページ
16. 読者からの投稿	46ページ
17. 世界中の試合結果発表	48ページ
18. 読者からの手紙に答える	50ページ
19. ユリセース・ソリス　IBFチャンピオン	56ページ
20. 世界ボクシングプログラム	58ページ
21. 懐かしい写真	60ページ

● 1200号

1. ボクシング界を見る	6ページ
2. 世界ボクシングの現状を見る	8ページ
3. 深いインタビュー　ジョニー・イーローデー「フィリピンの選手は世界に進出する」	10ページ
4. 2007年の燃えるファイト	12ページ
5. プラウェートは必ずチャンピオンマッチに出る。相手は？	16ページ
6. リッディック・ボー、リングにまた上がる	18ページ
7. ホーゲー・アーチェー、バンタム級に飛び込む	20ページ

第6章　ギャンブル・ムエタイ

8.　ショットジャブ	22ページ
9.　ボクシングニュース	23ページ
10.　ボクシングファンクラブ	24ページ
11.　フランク・ブルーノ　過去のチャンピオン	28ページ
12.　タナット・タナーコーン氏の視界	37ページ
13.　元ボクシングスターのあの日を見る　テリー・ノリス	40ページ
14.　世界チャンピオンコーナー　ユリセース・ソリス	42ページ
15.　ダーシシアン、カトゥープレイを相手に級をジャンプ	43ページ
16.　読者からの投稿	46ページ
17.　世界中の試合結果発表	48ページ
18.　読者からの手紙答え	50ページ
19.　情報コーナー　ガーナとナイジェリアのチャンピオン	56ページ
20.　世界ボクシングプログラム	58ページ
21.　懐かしい写真	60ページ

6-31　ムエ・ローク誌。表紙は外国人の世界チャンピオンが飾る場合が多い。性格は日本の格闘技ファン向けの雑誌に近いのではないだろうか。読者は純粋に世界への雄飛を夢見る若者であろう。

6-9. 選手の小型化と若年化

　現在のムエタイ興行は、選手が小型化している。一昔前は大きなムエタイ選手が多かったのに、現在は小柄なムエタイ選手ばかりである。タイのナンバーワンプロモーターのソンチャイ・ラッタナスバンは、「昔と違って今は体格の大きい者がムエタイをやらないので、試合を組めなくなってしまいました。試合がないから選手も育たず増えないという悪循環になっています」と言っている[33]。

　ソンチャイ・ラッタナスバンの言う昔とは、ムエタイのギャンブルが過熱化する1980年以前の時代である。1980年代以前は、アピデット・シットヒランなどムエタイの重量級である135ポンドから160ポンドの選手が勇名をはせていた。しかし、現在のムエタイ興行のプログラムを見ると、大きなムエタイ選手でもせいぜいウェルター級の147ポンドの選手で、メインイベンターはほとんど126ポンド（57.15キロ）から135ポンドで占められている。興行によって

6-32　キアットプラサーンチャイ・ジム。小型の選手ばかりである。

33　薬師寺1996, p.125.

は100ポンドぐらいの15、16歳の少年の試合が大多数のこともある。

　Oプロモーターは「私の持っている選手は126ポンド以下で100人ぐらい、126ポンド以上で30人ぐらいです。私たちがマッチメイクするのは、126ポンド以下は400人〜500人ぐらい、126ポンド以上は100人ぐらいですね。140ポンドを超える選手は15人ぐらいです。140ポンド以上の選手はタイではあまり試合がありません」と言う。[34]

　確かに軽量級では大番狂わせが起こりやすく、ギャンブルをするには面白い。なぜなら、体格が小さいと打撃力も小さいので、相手からノックアウトに追い込まれるようなダメージを受けないため、後半戦からの反撃も起こりうるからである。ことに相手を倒す力がない少年の試合は、勝敗の行方がわかりにくいし、時には大逆転になり会場を沸かすことになるため、ギャンブラーを興奮させるのである。

　あるジムのLトレーナーは、有名選手M（36歳）を評して「彼はもうラジャダムナンでは試合がないでしょう」と語った。[35] なぜなら、シアン・ムエが興味を示さないからであると言う。それは、スピードで若い選手には勝てないという理由からである。M選手はラジャダムナン・スタジアムのランキング選手であった経歴を持ち、国際式ボクシングではタイ国チャンピオンにもなっている。Lトレーナーによれば、「タイの試合はスピードで勝敗が決まるから、スピードのある若い選手に勝てません。技術やパワーで勝負できる海外での試合ならばまだまだ十分に闘えますが、スピードでは若い選手に勝てないのでタイではもう使えない」という。格闘技である以上、打撃力は相手を打ち負かす最大の攻撃になるが、ノックアウトよりも判定勝ちが重要視される現在のムエタイでは、パワーよりもスピードを持った若い選手の方が有利なのである。このM選手は、現在、海外に主戦場を移している。Lトレーナーによれば、「ムエタイと異なる異国のルールであっても、3週間に1度試合をしなければならないムエタイよりも身体の負担は軽い」という。

　Wプロモーターは「私のジムの選手はみんな小さいよ。私は海外に試合に行っている時間がないから大きい選手は養成しません。全部で20人ぐらいの若者が練習していますが、126ポンド未満が15人、126ポンド以上が5人ぐらいかな」

34　2007年8月26日、ラジャダムナン・スタジアムで。
35　2007年8月20日。

と言った。彼は空軍の中佐を勤めながらムエタイのプロモートをしているため、海外に選手を送るようなムエタイ・ビジネスしている時間はないというのである。

　Wプロモーターが言うように、現在の重量級ムエタイ選手はタイ国内では試合が少ないので、海外での試合を見越してムエタイの試合に出ている。したがって、海外とビジネスをしないプロモーターのジムには大型の選手がいないという状態になってしまうのである。1990年代初期から日本のK-1グランプリ（ヘビー級）で大活躍したムエタイ選手、チャンプア・ゲッソンリットは、175センチ75キロ（165ポンド）の体格であるが、身体が大きすぎるため、国内では対戦相手がおらず、左ミドルキックを武器に海外で試合を続けた。彼は「タイ国内でも試合するときは150ポンド位まで減量しないと対戦相手がいません。しかし、減量しても150ポンドの試合などそうないから、いっそのこと体重を増やして海外の大きい選手との試合をすることにしたのです」と言っていた。

　また、身体の小さい選手が現在のギャンブル・ムエタイの主流であることが、少年ムエタイ人口を増加させている。タイは貧富の差が激しい。貧困な農村に育つ少年が現在のムエタイ選手のほとんどである。他に職業がなく、中学校以上の教育を受けられない子どもたちが、ムエタイという職業を選んで、バンコクへやってくる。プロモーターが少年ムエタイ選手を興行に使いたがるのは、スピードが速いとか試合が面白いというだけではなく、少年ムエタイ選手のファイトマネーが安いことにも理由がある。ファイトマネーの安い少年ムエタイ選手がギャンブラーの満足する試合をすれば、採算の良いムエタイ興行をすることができるのである。また少年ムエタイ選手は、ギャンブルに付き物の八百長試合をする危険性が小さい。少年ムエタイ選手はオーナーのもとで暮らし、練習も生活もジムから出ることは少ないので、金銭の匂いをちらつかせるギャンブラーとの接触も少ない上、八百長の演技をする能力もないからである。

　ムエタイの名選手、アピデット・シットヒランやプット・ローレックが活躍した時代は1960年代、1970年代であるが、彼らが30代後半から40歳前後に闘ったいくつかの試合がムエタイの名勝負として現在に語り継がれている。しかし

36　2007年8月25日。
37　巨象というニックネームがつけられる大型選手で、1989年にプロレスラーの安生洋二選手と異種格闘技選手権を東京ドームで闘い、日本格闘技界で一躍有名になった。
38　2000年12月4日、フアマークで。世界アマチュアムエタイ選手権IFMA CUPでのインタビュー。
39　『ムエタイ名勝負大全集1』（日本スポーツ映像株式会社）の「タノンチット41歳VS プット・ローレック35歳」、「スラサック40歳VS プレダム45歳」など。

ながら、現在のムエタイの代表選手の引退が囁かれる年齢は20代前半である。
　30代になっても現役を続ける選手は少ないが、その1人、チャーリー・タウンインタウン選手（37歳）は、「僕は11年前の26歳からラジャダムナンで試合をしていません。その頃までは57キロだったからまだ試合があったけど、ジムと契約で色々揉めたり、国際式ボクシングへの転向があった。その間に身体が大きくなってしまい、ムエタイの試合がスタジアムで組まれなくなった。だから現在は70キロで、外国人のムエタイ選手がタイに来た時にテレビマッチなどで試合を続けているほか、外国でお金を稼いでいるんです」と話している。[40]
　ムエタイがギャンブルスポーツ化してから、選手の小型化と若年化が進み、シタジアムでは大型ムエタイ選手の試合が少なくなったのである。

6-10. ビジネス・ツールとしてのムエタイ選手

　ムエタイ選手は現在、月1度から3週間に1度試合を行なうのが普通である。Sports Authority of Thailand（通称コーコートー）の定めるボクシングに関する規定の第23章に、「ノックアウトされた選手は30日間試合をすることはできないが、ノックアウトされなければ21日間の休息を置けば試合をしてもよい。但し、相手を1ラウンドでノックアウトした場合は、1週間の休息のみで試合をすることができる」と規定されている。[41]
　選手は、プロモーターの命令があれば、いつでも試合をせねばならない立場である。彼らは1試合でも多くの試合をしなければならないため、ケガをすることはできない。ケガをすれば、プロモーターが計画をしている3週間後の興行に出場できなくなって、プロ選手としての価値が下がり、あてにしていた来月のファイトマネーも入らない。
　このようにギャンブラーが喜ぶことを最優先する興行が続くようになると、ムエタイ選手は相手を倒すことにこだわらなくなる。ギャンブラーが満足するような形で闘えばそれで足りるからである。当然、ムエタイをギャンブルの対

40　2007年8月23日、歓楽街ソイカウボーイでインタビュー。p.118参照。
41　Sports Authority of Thailand, 1999. 現在はノックアウトがなければ24日間の休息で試合をしてもよいという法律の改正があったという情報もある。（2013年3月19日）

象ではなく純粋な格闘技の試合として楽しむファンが好むようなノックアウト決着は極端に少なくなる。

　スタジアムで試合を見ていると、試合の後半に観客が口々に「ポーレーオ、ポーレーオ」と言い出す。ポーレーオとは「もう十分だ」という意味である。私は最初これを「勝負がついたからもうこれ以上の攻撃をするな」という優しさの言葉であると考え、ムエタイの観客は優しいんだと感心していたが、実はこれは優しさだけの言葉ではないことがわかってきた。

　ギャンブラーは「もう十分に勝っているんだから、これ以上攻めて逆転負けしないでくれ」という意味をこめて、「ポーレーオ」という言葉を叫んでいる。選手のオーナーやプロモーターの「ポーレーオ」は「これ以上やって、けがするんじゃない。次の試合に備えよ」という意味なのである。

　ムエタイ選手自身に「どうしてさっきのラウンドは倒せたのに倒しに行かなかったの？」とたずねると、すべての選手が「もう十分勝っているんだから、これ以上は攻める必要がない」と答えてくれる。その言葉には、相手への優しさも自分の身体へのいたわりも込められている。ムエタイ選手は、壊しあってはならないのである。自分たちを壊しあっていたら、プロモーターが使う選手が減る一方であり、どちらのムエタイ選手も得をしない。同じようなレベルの選手が減れば、自分の試合回数が少なくなり、ファイトマネーも入らなくなるのだ。

　ムエタイ選手の多くがムエタイ以外に職業の選択肢がほとんどなかったことも忘れてはならない。何度も述べたように、タイは貧富の格差の激しい国である。その国でムエタイ選手のほとんどは最も貧しい農村からバンコクにやってくる。彼らに「なぜムエタイの選手になったのか？」と尋ねると、決まって「好きだから始めた」という答えが返ってくる。自発的にムエタイを職業に選んだということである。しかし、実際には、彼らは貧しさから抜け出すためにムエタイ選手になるのである。Vailは、次のように述べている。

　ムエタイは、アメリカンドリームのようなはかない夢ではなく、貧困層にとってソーシャルモビリティー（階層間移動）の手段となっている。[42]

　貧しい彼らにとってムエタイ選手という職業は、手っ取り早くできる商売なのである。そのような彼らは、いくら好きで始めたとはいえ、身体の資本を擦

42　Vail 1998, p.230.

り減らすような危険な闘い方をしようとはしない。

　ムエタイの世界でよく言われるファイター（打ち合う選手）とフイムー（テクニシャン）では、プロ選手として金を稼げる期間が違う。ファイターは身体が壊れやすく、20代前半で引退を余儀なくされるが、フイムーは20代後半まで身体が保たれている。当然、ファイトマネーが同じであれば、長期間ムエタイ選手を続けられる選手の方がムエタイ・ジムのオーナーにとって性能の良い商売道具になるのである。

　このようにムエタイ選手は、職務として毎月試合しなければならないとなれば、身体という資本を減らしてまでノックアウトを目指すよりも安全にポイントを取るような闘い方をするようになり、オーナーからも身体を安全に保てるような闘い方を要求される。

　ムエタイ選手は消耗するビジネスツールである。ムエタイ選手のオーナーは3週間に1回金銭を運んでくれるムエタイ選手という道具を長持ちさせなくてはならない。最終ラウンドで「ポーレーオ」（もう十分だ）と叫ぶのは、商売道具を壊さないためである。

　ムエタイ選手は、Kitiarsaが指摘するように、オーナーの所有物のような側面を持っている[43]。ムエタイ選手の多くは幼少の頃からジムで育ち、オーナーのもとで寝食を共にする。そのため、ファイトマネーを得られるようになると、ジムのオーナーに半分差し出さなくてはならない。

　田舎のジムからバンコクのジムに移るときは、バンコクのジムのオーナーに選手としての権利を売られる。ムエタイ選手は売買されるものであるのだ。また、選手は貸し借りもされる。その場合は、ファイトマネーの半分が選手のものであるならば、4分の1が借りるジムのオーナー、4分の1が本来のジムのオーナーのものである。

　このように、ムエタイ選手の稼ぎはジムのオーナーの稼ぎになり、ジムからファイトマネーの高いチャンピオンが1人でも生まれるとそのジムは潤う。ジムが潤うと、また幼い少年ムエタイ選手を1人養えることになる。このようにファイトマネーの高い選手を創りあげるのがムエタイ・ビジネスなのである。

　一方、選手としてピークを過ぎてしまったムエタイ選手、ケガが治る見込みがない選手などは、ムエタイ・ビジネスにとってマイナスになる。少年ムエタ

43　Kitiarsa 2003.

イ選手であるならば将来に大きな稼ぎが期待できるが、年齢のピークが過ぎて大金を稼ぐ選手になるケースはまずない。

あるムエタイ選手はタイのプロモーターと外国のプロモーターとの間でマッチメイクをする人間に「ヤー・ティム（捨てないでくれ）」と言ったという。数年前までラジャダムナン・スタジアムでタイトルを持っていた選手である。彼はムエタイのチャンピオンになった後、国際式ボクシングに転向した。外国で世界チャンピオンと対戦したこともある。しかし、激しいノックアウト負けを喫し、現在はブリーラムの田舎のジムへ帰って少年に指導をしながら幾ばくかの金銭を得ている状態である。彼のオーナーによれば、「もう身体が悪いからバンコクにいさせても試合がない。だから田舎へ帰した」ということだ。[44]このようなケースはムエタイ・ジムで珍しいことではない。ムエタイ選手は闘える身体でなければ、オーナーにとっても必要のないものになってしまうのである。

6-11. ムエタイのギャンブル志向の是非

ある少年ムエタイ選手の父親（45歳）はこう語った。
「ムエタイは相手と実力が合わない時、すぐレフェリーが試合を中止にしてくれるから、息子（13歳）を安心して試合に出すことができますよ。実力が拮抗していないとギャンブルにならない。実力が違いすぎると賭けが成立しないから、試合をミスマッチとして中止してくれるのです」[45]

オールドムエタイ選手のデン師範（72歳）は、ギャンブルのない頃のムエタイを回顧して次のように言った。
「今のムエタイはいいよ。安全ですよ。1ラウンドや2ラウンドで危なかったら試合が止められるんだから。私たちの頃はそんなことはありませんでした。相手がどれだけ強くても最後まで立ち向かわねばなりませんでした。[46]

現在のムエタイ興行では、どちらかが一方的に相手を追い詰めていると、レフェリーが突然、「ミスマッチ」として試合中止の宣言をすることがある。こ

44　2007年8月27日、ルンピニー・スタジアムでプロモーターへのインタビューから。
45　2005年4月2日、ビッグショット・ジム。
46　2006年10月1日。

めこんのベストセラー

〒113-0033 東京都文京区本郷3-7-1
電話 03-3815-1688
FAX 03-3815-1810

オールカラー

定価=**2,500円**+税
B5判[大判]並製・208ページ

▶**タイ語の勉強**を始めると、必ず誰もがぶつかる「タイ文字」の壁。あの難解至極な文字を前に、挫折した人も多いことと思います。そんな人にぜひお勧めしたいのが本書。日・タイハーフの著者（『タイのしきたり』の著者でもあります）が、なんと日本語の五十音でタイ文字を学習するという画期的な方法を編み出しました。学習者泣かせのあのわかりにくいタイ文字も、この本で学べばばっちり頭に入ります。楽しく学べる、ボリュームたっぷり、お値打ち、という評判で、めこんのベストセラー・ナンバー1となっています。

書評から

○「挫折しない」…学習者にとってコレとっても重要なキーワードですよね。うちの父親は何十冊というパソコンの教本を持っていますが、ほとんどが同じような入門書。キャッチに踊らされて、「これならば！」と買ってしまうんでしょうね。もっとも独学というのはなかなか難しいもので、本人の意思の強さはもちろん、いかに読者をひっぱるか、といった技が教本には求められるわけです。

○ そこで書名に堂々と「挫折しない」を謳った本書には期待してしまうわけですが、その特徴はというと、なんとタイ文字を「あいうえお・・」順に覚えていこうというもの。しかも覚えるために使う単語も最初は日本語単語を使い、とにかく読者にタイ文字に親しんでもらうことに重点を置いています。

○ 音声教材は付属しませんが、日本人がよく口にする音から似たような発音部を拾って例を示すなど、いかに次のステップに進んでもらうかという工夫が随所に凝らされています。読者の心理を見抜いた解説、イラストや表、色の使い方、思わず取り組んでしまう面白そうな練習問題等々、ここまで気配りが徹底されている教本というのは見たことがありません。後半にはタイ人が書いた手紙やタイ語で書かれた看板などを読む練習も組まれており、その与しやすさとは裏腹に気がつけばかなりのタイ文字力を得られるようになっています。これからタイ文字の学習を始める人はもちろん、文字は一通りやったけど、声調などの規則面でつまずいたという方も、ぜひ本書を手に取ってみてはいかがでしょう。きっと今までとは違った結果が待っているはずです。

『JTECS（日タイ経済協力協会）友の会NEWS』Vol. 73

挫折しない タイ文字レッスン

マリンのタイ語生活 1

中島マリン
赤木攻=監修

ISBN978-4-8396-0197-3 C0387　　発行=めこん

めこんのロングセラー

〒113-0033 東京都文京区本郷3-7-1
電話 03-3815-1688
FAX 03-3815-1810

発行=めこん

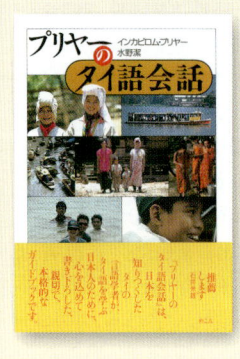

プリヤーのタイ語会話

インカピロム・プリヤー／水野潔

- 定価2500円＋税
- A5判・並製・408ページ！
- ISBN978-4-8396-0077-8

▶タイ人の言語学者と日本人のベテランタイ語教師という最強コンビによる初心者むけの本格的な独習書です。「考えるより慣れろ」がコンセプトで、文法等の説明はほとんどなく、基本パターンの反復練習が中心です。とにかく練習問題は豊富で、本気でやるならこの本が一番という定評があります。

★別売CD（3枚組）定価2500円＋税／全課の会話・単語・言いかえ練習・タスク・ドリル解答・関連語をすべて集録。言いかえ練習は反復練習用ができるようにポーズをおいてあります。吹き込んでいるのは3人のタイ人です。

★ダウンロード版も発売中──→めこんのホームページから

★自分のタイ語力を確認するために

タイ語実力テスト 初級

日タイ言語交流センター編

- 定価3200円＋税
- A4判（大判）・並製・204ページ
- リスニングテストのCD2枚付き
- ISBN978-4-8396-0229-1

▶1994年から続いてきた「タイ語検定試験」（特定非営利活動法人日タイ言語交流センター主催）の第25・26・27回の4級・5級の問題と解答（実物と同じ）に、試験問題作成に携わった教授たちが解説を加えました。残念ながら検定試験は2014年で終了しましたが、自分のタイ語の実力を確認し、さらに上をめざすために最適の教材です。

のミスマッチ宣言は近年ではけっして珍しいことではないが、デン師範は「昔（彼の最後の試合は1974年）は試合の中止なんてものは、めったになかった」と言う。

　実力の釣り合わない選手間ではムエタイ・ギャンブルが成立しない。最初から勝ちそうな選手がわかっていたら誰も負けそうな選手に賭けないからである。だから、あまりにも実力に差があれば、レフェリーがミスマッチ宣言をして試合を無効にしてしまうのだ。これは八百長試合を防ぐためである。実力が拮抗している試合でないと八百長の疑いがかけられるからである。

　このように実力に差がある選手は対戦させられることがないため、危険が回避できる。タイ以外の国へ国際式ボクシングの試合に行ったことのあるムエタイ選手（37歳）は「外国でのボクシングは、たくさんお金がもらえるから行くけども、タイより危険です」と言っていた。外国のボクシング興行にはムエタイのようにギャンブルがないため、マッチメイクが平等でない時もあるというのである。彼は2006年8月にはヨーロッパでムエ・カートチュアックの試合にも出場した。相手は自分よりも体格の大きな選手であったという。彼に「なぜ、そこまで危険を冒すのか？」と尋ねると、「俺はナックレーン（侠客）だから、大金さえもらえれば誰とでも面白い試合をしてやる」と豪語していた。

　彼は「外国では観客から望まれるのはその国の選手が勝つことです。お客さんはスター選手を見に来ているのです」とも言う。それは彼も言っているが、タイ以外ではギャンブラーがいないためである。タイではギャンブラーが興行収入を捻出してくれるために競技の公平性と安全性を保てるのである。

　また、ムエタイの興行は、選手の家族、友人などは基本的に無料で入場する。ムエタイ選手が貧しければ、家族やその仲間も貧しく、入場料が払えないからである。興業主は貧しい人間からお金を取ることはせず、家族には頑張っている選手の姿を見せてやるというのが一般的である。日本ではプロ格闘技のジムに所属していても無料で格闘技会場に入ることはできない。特殊なコネクションなどがあれば状況は違うかもしれないが、日本人選手は自分の出場する興行のチケットを売らねばならないという苦労が伴う。タイのムエタイ選手は一切そのようなことをしなくても良い。ギャンブラーが興行収入を捻出してくれるからである。

　これらのギャンブラーが落とす入場料は貧しい少年を支援する費用になって

いる。少年ムエタイ選手は、ジムに寄宿して学校に通っているケースがほとんどで、彼らはムエタイで稼いだお金を奨学金のように使って学校へ通うのである[47]。そのため、彼らはギャンブラーがありがたい存在であると語る。負けてもジムオーナーの力でギャンブラーに文句を言わせることはまずないし、勝てばチップをもらえることもある。

　前述のタムマサート大学のデン師範は、ムエタイ興行で行なわれているギャンブルを嫌ってスタジアムに行きたくないと言うし、元警察官のビッグショット・ジム会長は、ムエタイにギャンブルが付きまとっては教育になりにくいと言う。しかし、彼らと同様にムエタイを少年教育と考えているソムブーン・ジムの会長は、ムエタイのギャンブルに肯定的な見方をしている。彼は、「私は賭け事は大嫌いで宝くじさえやりませんが、もしムエタイに賭けがなくなったらムエタイの関係者はみんな倒産してしまうでしょう。貧しい子どもはもっと悪くなります」[48]と言った。ソムブーン・ジムのあるクロントゥーイ・スラムは1990年代後半から覚醒剤が蔓延していたが、ソムブーン会長は覚醒剤中毒の少年をムエタイ・ジムに入れて治したケースもあったと言う。ギャンブルによって生じた金銭が少年を救っているケースもあるということである。実際、ムエタイ・ギャンブルは試合において選手の安全を守り、貧しい少年を救うために、なくてはならないのだと語る選手や関係者が多数存在している。

6-12.暗黙のルール

　現在のラジャダムナン・スタジアムで行なわれているムエタイ・ルールとスタジアムを創立した時のムエタイ・ルールでは、若干の修正を除いてほとんど変化がないと関係者は言う[49]。しかし、一昔前（1980年代以前）のムエタイと現在のムエタイのレフェリーングでは、ブレイクの早さが違うとOBムエタイ選手は口々に言う。ブレイクとは、クリンチワーク（打ち合わないで揉みあっている状態）が長引く時に注意されて引き離されることである。首相撲（相手の首を取り合い、膝蹴りの攻防をする状態）なのか、相手の攻撃から逃げるた

47　私が調査したタイの地方にあるほとんどのジムの会長が子どもを学校に通わせていた。バンコクでもマーイモンコン・ジム、ルークタパカー・ジムは、主力選手になる選手は学生であった。
48　2005年4月2日、クロントゥーイのソムブーン・ジム。
49　2006年10月1日、ラジャダムナン・スタジアム・オーナーのチャルンポン氏、レフェリー、記者から。

めに苦しまぎれに相手にしがみついているのかを判断し、双方の攻撃が止まった時や体勢が崩れて後頭部などを相手にさらしている危険な状態の時にブレイクがかけられる。このブレイクをかけられるタイミングが現在のムエタイと一昔前のムエタイではまったく違うと、OBムエタイ選手たちは話していた。[50]

　1980年の大スターであったサムランサック・ムアンスリン（48歳）は、以下のようにムエタイのレフェリーングの差異を話した。

　「昔、俺たちの時代まで（1970年代中期〜1980年中期）は、ブレイクが早かった。試合の最中に膝蹴りを打ち出そうとしていたらレフェリーがすぐ止めました。観客に打ち合いを見せたかったからです」

　このように語るOBムエタイ選手は多い。相手と組み合うクリンチワークがあると、極端に試合にノックアウトが減る。頭をパンチで狙われる距離ではないため、リスクが少ないのである。したがって相手と組み合う時間（クリンチワーク）を取っていれば、選手の身体が傷つかない。現在のムエタイでは、レフェリーがブレイクをかけるタイミングが遅く、相手が危険な倒れ方をしたり相手に背面を見せたりした時などにしかブレイクがかからない。ブレイクを遅くしている理由は、打ち合うよりもリスクの少ない、組み合っての膝蹴りの攻防を奨励することにある。

　一方、日本を中心に行なわれているK-1では、この組んでの膝蹴りは反則としてペナルティーを与えられる。これは、K-1の興行主がパンチでの打ち合いを減らさないようにしているからと考えることができる。

　ムエタイの採点基準についても、かつてのムエタイと現在のムエタイでは明らかに差異がある。現在のムエタイは、相手へのダメージを与えた点数で採点することになっている。[51]しかし、実際には、明文されていないルールが存在する。廻し蹴りの芸術点である。廻し蹴りはタイで美しいとよく言われる技である。修行を積まねばできない技ではある。しかし、見た目に派手であるが、実際にはパンチより危険は少ない。ムエタイのジャッジはこの廻し蹴りの打点位

50　2006年10月1日、サムランサック・ムアンスリンと複数のOBムエタイ選手の会話から。
51　タイ国立スポーツ局（コーコートー）では、勝敗の採点基準を①相手に技を当てた数、②技の強さ、③相手のバランスを崩した、④どちらが積極的に攻めていたか、⑤防御の正確さ、⑥ルールを遵守しているか、などの6点を採点基準にしている。(Sports Authority of Thailand 1999, p.88)。ルンピニーはアグレッシブ（攻撃性）、ラジャダムナンは防御点も加点するが、いずれもどちらがより相手にダメージを与えたかで採点が決まる（2007年5月20日、ウィーラサクレック・ジム会長ウィーラサクレックウォンパサー氏）。

置の高い蹴り（上段蹴り、中段蹴り）を美しい蹴りとして得点化するのである。ただし最も破壊力のある下段への廻し蹴り（太ももへの蹴り）は美的とは言われない。このように上段・中段の廻し蹴りに高い評価を与えることは、パンチで打ち合って選手の身体を壊し合うことを防ぐことにつながる。つまり、美的得点の奨励が選手の身体を保護しているのである。

　ラジャダムナン・スタジアムとルンピニー・スタジアム両方のレフェリーにこの美的得点の有無を尋ねても「すべてダメージを与える攻撃は得点になりますよ」との答えが返ってくるだけであるが、テレビの解説では、廻し蹴りの連打に「美しい蹴りです。これだけ美しい蹴りの連打をもらったらもう逆転は難しいでしょう」というような解説がなされる。テレビ解説者も廻し蹴りの高得点を認識しているのである。また、観客であるギャンブラーも美しく強い廻し蹴りは高い得点であると口々に言う。これは明文化されていない暗黙のルールであると考えてよいであろう。

　また明文化されていないギャンブル・ムエタイのルールに、1、2ラウンドのポイントは加算されないこともあげられる。ムエタイ選手が1、2ラウンドを本気で闘わないのは、それがギャンブラーが賭ける選手を決定する時間だからである。この1、2ラウンドは、レフェリーも「チョック、チョック（ファイト、ファイト）」と攻撃をけしかける命令を出すのだが、それは建前で、まったく闘わなくても選手に罰則を与えることはしない。また、ジャッジも1、2ラウンドは、ポイントを真剣にカウントしているようには見えない。実際に1、2ラウンドの得点を尋ねると「10：9や10：8もある」と説明されるが、ほとんどの場合は、イーブンの10：10としてカウントしているようである。ジャッジは、ギャンブラーから見えないようにジャッジ席であるシークレットボックス内で採点をしている上、この得点は公表もされない。公式ルールにおいてもタイトルマッチ以外は、ラウンド毎の点数を公表する義務はないのである[53]。つまり、ルール上でもギャンブルが行なわれやすい環境にあると言ってよいだろう。

　レフェリーとジャッジにムエタイの攻撃で得点の高い攻撃は何であるかと尋ねると、前に述べたように「相手にダメージを与えた攻撃はすべて得点になる」

52　2004年8月9日、ルンピニー、タノン・レフェリー。2006年1月18日、サマーンチャタオーイ・レフェリー。2007年8月26日、ラジャダムナン、アムナー・レフェリー。
53　2007年8月26日、ラジャダムナン、アムナー・レフェリーのご教示による。ジャッジ席の写真はp.101参照。

との答えが返ってくる。しかし、ギャンブラーたちは口を揃えて、得点の高い攻撃は膝蹴りや脇腹への廻し蹴りであると言う。パンチではないのかと聞くと「パンチは後半のラウンドで打つほど、負けているのをアピールするようなものである」と言う。[54]

　ギャンブラーたちの言葉が正しければ、レフェリーの「すべて得点になる」というのは、表向きのルールで、実際にジャッジが得点として採点しているのは膝蹴りと廻し蹴りということになる。このような明文化されていない暗黙のルールの中では、リスクを伴う激しい攻撃をしても意味のないことになる。そう考えれば、双方の選手が1、2ラウンドは身体を傷つけずに軽い攻撃にタイミングを合わせて動くのも納得できる。スタジアムのレフェリーとジャッジを含め、ギャンブラーのために暗黙のルールを作っているように思える。

　また、ムエタイには特別芸術技賞（ラーンワン・ピセート・シラパ・ムエタイ）が存在する。これは、ある特別な技を使って相手を倒した場合に与えられる賞金である。チョラケー・ファート・ハーン（ワニの尻尾蹴り＝回転後ろ廻し蹴り）に3万バーツ（約9万円）、ソーク・クラップ（回転後ろ肘打ち）に2万バーツ（約6万円）が払われる。高度な美しい技が褒賞されるのである。この特別芸術技賞はムエタイの技術を高度にし、試合の面白さを増大させるが、パンチによるノックアウトに対してはKO賞金を出すことがない。プロモーターによれば、パンチによるKO賞金を出さないのは、選手が壊れるのを避けるためである。[55]

　この特別芸術技賞の制度がラジャダムナン・スタジアムに導入され始めたのは、ムエタイ選手が組んでの膝蹴りばかりするようになった1990年頃からであるという。[56] これら暗黙のルールと特別芸術技賞は、ムエタイの高度の技能を保持すると共に、ビジネスツールである選手を壊さないための手段であると考えてよいであろう。ノックアウトを目的とするムエタイのままであっては、選手にケガが多くなり、ムエタイ・ビジネスに支障をきたすからである。

　一方、日本で行なわれているキックボクシングの興行団体は、KO賞金を出す会社が多く、激しい倒し合いを奨励しているかのようにも見受けられる。また、

54　2007年8月23日、ラジャダムナン・スタジアム、シアン・ムエのロバート氏。
55　テレビマッチではKO賞金が出される場合がある。
56　2007年8月24日、シンノーイ・オーナー（70歳）、オートゥー・プロモーター（59歳）、チャトイ・プロモーター（50歳）、ソンマーク・ポンサク・オーナー（66歳）へのインタビュー。p.142-143参照。

ラオスで行なわれているムエラオも、相手をどのような技で倒しても主催者からチップとしてKO賞金が500バーツ（約12ドル）与えられていた。[57]ラオスの物価は安く、外国人の家で働く家政婦の月給が40ドル程度であることを考えると、このKO賞金はけっして安くない。また、マレーシアで行なわれているトモイは、KOかTKOでないと勝敗がつかず、これらがないと引き分けにされてしまう。ファイトマネーも勝った選手と負けた選手では差がつけられていた。[58]

　キックボクシング、ムエラオ、トモイの観客は、ギャンブル目的で試合を観戦しているのではなく、エキサイティングな試合を求めているのである。キックボクシング、ムエラオ、トモイが、KO勝利を奨励するのに対し、ムエタイがKOを褒賞しないのは、3週間に1回の頻度で闘うムエタイ選手の身体を保護するためである。[59]加えて、ギャンブラーであるムエタイの観客にとってはどちらが勝つか負けるかが重要なポイントであって、KOがあるかないかなどは重要なことではない。したがってムエタイ選手はいっそうノックアウトを求めず、自分の身体が傷つかないように闘うのである。

6-13. ギャンブル・ムエタイの闘い方

　現在のムエタイでは、1ラウンドと2ラウンドは、試合をしているというよりも踊っているかと思うほど、相手との距離をとってタイミングを計っているだけのように見える。この闘い方を、オールドムエタイ選手であり、沢村忠と激闘を演じたガオ・トーキョーは、次のように語った。[60]

　「俺たちの時代は、レフェリーがすぐチョック（打ち合え）と言いました。1ラウンド目はまだ相手の様子を見ていたいのに、チョックと言われても行かないと注意されるのです。今のムエタイ選手は、レフェリーがいくらチョックと言っても打ち合わないでしょう？　ギャンブラーたちが賭ける方を決めるまで打ち合わなくても大丈夫なんだよ」

　私の選手経験で言えば、5ラウンドの試合を闘う時、1ラウンドから積極

57　2006年11月24日、ビエンチャン。
58　2006年3月26日、コタバル。
59　ムエラオは見た目にはムエタイと変わらないが、判定勝負があまりなく、倒し合うシーンが見られる。ギャンブルはスタジアムの中では公然と行なわれないために観客もおとなしい。ラオスの社会主義体制がギャンブルを容認しないためである。
60　2005年10月1日、ラジャダムナン・スタジアムで。p.145参照。

に打ち合った場合、ディフェンスに回った選手のほうがスタミナが温存されて、後半のラウンドで勝負に勝つ場合が多々ある。しかし、現在のムエタイ試合においては、1、2ラウンドは戦術としてディフェンスをしているわけではなく、明らかに双方が本気で闘っていない。これは前述したように、ギャンブラーに「どちらに賭けるのか」を決定する時間を与えているからで、スポーツ競技としては必要のない時間である。

1980年の The Thai Boxing Magazine は、ムエタイの闘い方が以前とは別のものに変わってきたと指摘している。

「近頃のムエタイで見て楽しく感じるファイトは第4ラウンドだけだ。ほかのラウンドはまったく興奮しない。1ラウンドから3ラウンドまでは、相手をうかがっているだけだ。4ラウンドに入ってパンチやキックを連打して相手よりポイントを取ったら、それ以上何もしないままで試合が終わってしまう」[61]

実際、1980年代に入って、初回のラウンドを真剣に闘わないといった闘い方が現れ始めたようである。オールドムエタイファンに話を聞くと、1960年代、1970年代には、ムエタイ選手のワイ・クルーの時間に賭け始める人が多かったと言うが、現在のムエタイファンは、1、2ラウンドの様子を見てから賭けを始めている。選手も1、2ラウンドはわざと本気で闘わず、ギャンブラーたちに賭ける方を決めさせているのである。また、最終の5ラウンドに入り、ポイントに差が出てくると、勝利に近い選手も敗者に近い選手も積極的に闘うのをやめて時間を稼ぎ、相手の前で距離をとって踊る状態になる。5ラウンドも後半になって、ポイントに差があると、ノックアウトでなければ逆転勝ちをすることができない。しかし、ムエタイのクリンチワークを認めたルールでは、逆転のノックアウト勝ちを見ることはできない。勝利がほぼ間違いない選手は、危険を冒してまで攻め入ろうとせず、自分の身体の安全を保持する。劣勢の選手は反撃しなくてはならないのではないかという疑問が起きるが、劣勢のムエタイ選手のオーナーもそれ以上無理をさせずに、次の試合の準備をさせる。負けた選手は、「負けを素直に認めなくてはいけないし、無用な痛みは必要がない」と説明する。ビジネス・ムエタイ選手としてけがを避けなければならないのである。

1970年代後半は、ムエタイ・スタジアムの観客がギャンブラーになった時

61　*The Thai Boxing Magazine*, 1980.9.11, p.13.

期である。選手が小型化し、軽量級の試合でKOはめったに見られなくなった。さらに、1ラウンド2ラウンドは積極的な攻撃をしなくなった。

　ギャンブル・ムエタイ時代を象徴する選手たちの試合を映像で見て、手の攻撃と足の攻撃の数を数え、このような闘い方を確認してみた。資料には、ムエタイの名選手を記録したDVD *Sut yot muaythai suk Onesongchai*（The Best of Onesongchai Promotion）2005. vol.1 〜 7を用いた。

●チャモアペット・ハーパラン対サムランサック・ムアンスリン。1987年
チャモアペットの手からの攻撃が34回に対して足からの攻撃は137回であった。足が約4倍である。さらに、組み合っている時間（クリンチワーク）が試合の3分の1を占めている。

6-33　［膝蹴りの攻防］チャモアペット（左）の膝蹴りに対してサムランサック（右）がパンチを打っている場面。サムランサックはパンチの強い選手として知られるが、チャモアペットは、サウスポーからの膝蹴りと左ミドルキックで試合を組み立て堅い守りをする選手である。彼は、クリンチワークを積極的に用い、試合の約3分の1がクリンチワークであった。

●チェリー・ソーワニット対スーパレック・ソーイサン。1987年
チェリーの攻撃はパンチが8回に対して足からの攻撃が102回であった。蹴りが10倍以上の割合を占めている。

第6章　ギャンブル・ムエタイ

6-34 ［蹴り技の増加］チェリー（右）の攻撃はパンチが8回に対して足からの攻撃が102回であった。蹴りが10倍以上の割合を占めている。

● サムゴー・チョーラチャスパック対ピッチットノーイ・シットバンラン。1992年サムゴーの攻撃は、手が3回に対して足からが53回であった。足からの攻撃が約17倍である。また、組み合っている時間（クリンチワーク）は試合の半分近くを占めている。

6-35 ［クリンチワークの増加］サムゴー選手（左）の攻撃は、手の攻撃よりも足の攻撃が約17倍になっていた。試合中にクリンチワークが半分以上であった。

現在のムエタイ技法を分類したKIonshak Ngammeesri は、次のように、技術を5つに分けて、試合での使用度を調べている。

　ムエタイの試合全体を通してみると kicking（蹴り技）45.51%、knee hitting（膝蹴り）24.41%、boxing（パンチ）22.13%、push boxing（押し技）7.49%、elbows（肘打ち）0.46%である。[62]

　この数字から、パンチよりもキック・膝蹴りが主になってきたことが明らかである。さらに、選手が組み合っている時間が長くなってきた。クリンチワークは首相撲と呼ばれ、相手を崩すために用いられるものである。このクリンチワークでは、組んでいる間、膝蹴りを出すしか方法はない。クリンチワークを用いれば、相手の攻撃を受けても脳が揺らされることがなく、ノックアウトにつながる危険性は低い、しかし、相手を倒すこともできない技法である。

　1978年3月18日にラジャダムナン・スタジアムのライト級チャンピオンについた初の日本人である藤原敏男は、「自分が試合をタイでしていた頃のムエタイは、ミドルキックと膝蹴りが主な攻撃であった。その頃のムエタイ選手は、日本人のようにパンチで打ち合っていたら身体がもたないということを、既に試合の経験の多さから知っていた」と語る。[63]

　また、レフェリーがブレイクをかけるタイミングが遅くコールされるようになってきたと述べたが、ブレイクがかけられないことに拍車をかけて、選手の方も対戦相手と打ち合うより相手にクリンチワークを挑む試合が多く見られるようになった。この状態では、頭を強打されることはなく、注意を払うのは、自分の胴体に相手の膝蹴りを打ち込まれないようにするだけである。ギャンブラーは、このクリンチワークでの膝蹴りの数を数えて判定の有利不利を決定し、自分の賭けている選手の攻撃が相手の胴部に入ると「オーイ、オーイ」と膝蹴りに合わせた歓声をあげ、ジャッジに得点をせがむアピールをする。このクリ

---

[62] Howard *et al*. 1998, p.222
[63] 2007年5月7日。p.147参照。
[64] K-1インターナショナルルール（改訂日2006年2月27日）第7項　両手で相手の首を掴む首相撲からの膝または足での攻撃は1回のみとする。よって、両手で相手の首を掴んでの連続攻撃は反則とする。但し、片手で首を掴んでの連続攻撃は有効であるが、相手にダメージを与えない攻撃と主審が判断した場合はブレイクを命ずる。第8項　膠着状態を誘発する掴み、組み付きは、一切これを禁止する。但し、レフェリーが有効打と判断する攻撃を加えるために瞬間的に相手を抱え込む、または掴む事は容認する。しかし、仮に有効打と認められても、その直後に掴んだままの状態で膠着させたり、相手の攻撃を逃れるために自分から掴み、組み付きに行く行為には、厳しくペナルティーを与える。（K-1オフィシャルホームページ）

ンチワークは、日本のK-1では、厳しく注意される[64]。なぜなら、クリンチワークが多くなると、相手と打ち合う時間が少なくなり、KO決着は極端に減り、試合にスリルがなくなってしまうからである。しかし、ムエタイでは、打ち合って身体を早く潰してしまうより、商品としての身体を保持するために、このクリンチワークを好んで用いているのである。

▶▶▶フィールドノートから

スタジアムの金網　ラジャダムナン・スタジアムで【2007年8月23日】

　ラジャダムナン・スタジアムの金網はムエタイのギャンブル化の象徴である（p.112-113参照）。シアン・ムエの話によれば、この金網は30年前にはなく、柵があっただけだそうだが、3階席のギャンブラーが暴れたり、物をリングに投げ入れるため、この柵を天井まで伸ばしたという。
　当時のことを知る関係者に話を聞いてみた。
　「ラジャダムナンは、25年から30年前に金網ができました。ギャンブラーが暴れて物をリングに投げるから。ラーンワン・ピセート（特別芸術技賞）はテレビ局がお金を出すんだよ。7年ぐらい前にできたんじゃないかな。賞金がないと技が少なくなったからね」（シンノーイ氏。ムエタイ・ジム・オーナー、70歳、ムエタイ観戦歴50年以上）
　「金網ができたのは30年ぐらい前ですよ。ラーンワン・ピセートができたのは膝蹴りばかりをするようになったからです。たぶん10年か15年前にできたと思います。テレビを見ているお客さんが膝蹴りばかりでつまらないと言い始めた頃です。スタジアムが出す賞金とエンタシン（薬品会社）などが出す賞金の2種類あります。選手が色んな技を出すようにね」（オートゥー氏。ムエタイ・プロモーター）
　「ラジャダムナンの金網は30年ぐらい前にできました。ラーンワン・ピセートは15年ぐらい前にできたと思うよ」（チャトィ氏。ムエタイ・プロモーター、空軍大佐、50歳）
　「昔のムエタイは、テクニックがたくさんありました。今のように組んでばかりいない。それから、いくら身体が小さくても、50キロぐらいあるフライ級からしか試合ができませんでした。子どもは試合ができなかったんだよ。スタジアムの金網は30年ぐらい前にできました。昔は1メートルぐらいの金網の柵だったのだけど、ギャンブラーが増えて、試合に不満があるとリングに物を投げるから、金網を上まで伸ばして完全に仕切りました」
　（チャンネル5、チャンネル11のムエタイ解説をするソーンマーク・ポンサク氏、ムエタイ・ジム・オーナー、66歳、ムエタイ観戦歴42年）

第 6 章　ギャンブル・ムエタイ

6-36　シンノーイ氏。2007年8月24日。

6-37　オートゥー氏。2007年8月23日。

6-38　チャトィ氏。2007年8月24日。

6-39　ソーンマーク・ポンサク氏。2007年8月23日。

ムエタイ黄金時代

　1960年代、70年代のムエタイについて懐かしそうに語る人は多い。ただあのころは良かったというだけではなく、ギャンブル化がムエタイの純粋さを蝕んだのだという悔しさが感じられる。

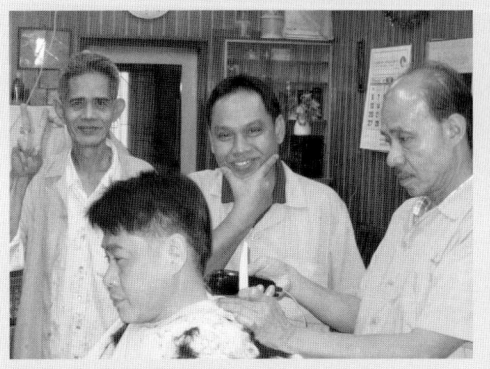

6-40　日系企業の駐在員が多く住むスクムウィット通りトンローにある床屋のおじさんたちの話。「昔のムエタイは最高だった。特にアピデット選手が良かったね。ボクシングだってすごかった。日本人ともたくさん闘ったよ。海老原、ファイティング原田、大場、みんな強かったね」。散髪に行くたびに、テレビがまだ普及していなかった頃のタイの様子から現在までのムエタイの移り変わりを話してくれた。床屋の値段は60バーツ（約180円）だった。10年前に来た時は60バーツだったから、値上がりが凄まじい。（2011年2月23日）

6-41　日本の協同ジムでムエタイを教えていたというナロンスッグ・シーソントーン・コーチ（68歳）「俺たちの時代（1960、1970年代）は、まだムエタイの試合があんまりなかった。有名な選手なら3ヵ月に2回ぐらい試合をしていた。今は、膝蹴りの選手しかいない。昔はパンチの選手もたくさんいたよ。試合回数が少なかったから打ち合っていたね」（2007年8月23日）

6-42　必ずスタジアムで出会う名物おじさん。噂では、元世界チャンピオンだったとか、世界ランカーだったとか。子どもたちからは「おじさんは殴られすぎてしまった人」と言われている。しかし、元選手だけにやたら強そうであった。昔の激しかったムエタイが想像できる。（2011年3月4日）

第6章　ギャンブル・ムエタイ

6-43　サマート・ソンデンさん（80歳）「50年前にカイヅという日本人と闘って勝ったんだよ」と言うおじいさん。（海津文雄：元東洋ミドル級チャンピオン。サマート・ソンデンとは2勝1敗）

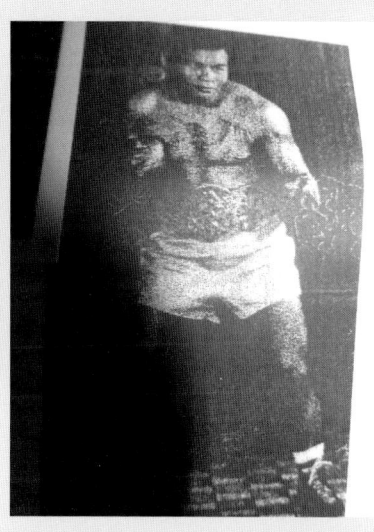

6-44　沢村忠選手とも試合をしたことがあるというガオ・トーキョーさん。ムエタイのビッグマッチには必ずスタジアムに来ている。一緒に見ていると、試合の勝ち負け予想はかなり的確に当たっていた。近代ムエタイの草創期からの近代ムエタイをよく知る人である。

6-45　ラジャダムナン・スタジアムのチャルンポン支配人。ムエタイが近代スポーツとなった頃からスタジアムの観客がギャンブラーで占められるようになるまでの過程をよく知っている。

6-46　ムエタイ情報誌『ムエ・サヤーム』編集長のジェンさん。現在のムエタイのことは何でも知っている。

6-47 山崎照朝師範

1947年生まれ。
東京中日スポーツ記者、格闘技評論家、格闘技ライター。
極真空手初代全日本優勝者。異名は「極真の龍」。

ムエタイを最初に知ったのは極真に入門してからです。
　私が入門したのは高2の1学期。1964年（昭和39年）です。この年の1月に黒崎、藤平（大沢昇）、中村忠の3名がタイ国でムエタイに挑戦。6月に極真会館本部が完成。私はその完成直後に入門しました。当時の師範代は本部が中村忠。成増支部（黒崎道場）に藤平師範代でしたが、本部の完成で藤平先輩は本部と掛け持ち指導もしていて一緒に稽古しました。
　その折、地下の部屋にはサンドバックがあって、藤平先輩は「ムエタイはこうやって蹴るんだよな」と言って蹴りまくっていました。空手とは蹴り方が全く違うムエタイのキックは、中村、藤平先輩には研究のテーマになっていたようです。
　それで組手でも使われるようになりました。私は空手を習うのが初めてで、これが「廻し蹴り」と言われれば、それが極真の蹴りで、何の疑いも持ちませんでした。ただ、習うのは単発の「廻し蹴り」。藤平先輩は左右交互に蹴ったり、スイッチしたり、ヒザ蹴り、ヒジ打ちも練習では取り入れていました。道場でのムエタイとの接点はそんなところです。
　それが本物のムエタイを生身で知ったのは日大に入学してからです。1968年4月入学。翌年1月にムエタイと2戦して空手の違いを実戦経験。空手にない格闘のリズムを知り、それが日大にムエタイ同好会（現、日本大学キックボクシング部）を開くきっかけになりました。
　当時はタイが大使館を経由してムエタイの日本普及を支援していたと思いますが、中継したNETテレビとは2戦のみを条件で試合をしました。2戦ともKO勝ちでしたが、タイ選手やコーチが蹴りやひざ蹴りも、ヒジ打ち、クビ相撲などをとても親切に教えてくれました。
　ただ、ムエタイは500年の歴史を持つ国技。タイ国での試合は賭けの対象となるプロ。一方、空手はアマ。プロはファイトマネーで価値観を競いますが、空手は名誉を重んじることからメンタル面でムエタイに引けを取らないようにしたことが、功を奏したと思っています。また来日したタイ人8人と対戦しましたが初対決はすべてKO勝ち。しかし、2名との再戦ではともに判定でした。初戦は空手スタイル、2度目は勉強中のムエタイのフットワークでと意識的に使い分けて戦いましたが、タイ人は対戦相手の分析力と対応の速さには驚かされました。

6-48 藤原敏男会長

1948年生まれ。
藤原スポーツジム代表。ジャパン・マーシャルアーツ・ディレクターズ(JMD)理事長。外国人として初めてムエタイの頂点・ラジャダムナンの王者となる。
通算成績：141戦126勝（99KO）13敗2引分け

▶オランダの強豪バダハリ氏（中央）、ロブ・カーマン氏（左）と。

　私は、高校を卒業して建築の勉強をしに、東京に出てきたんだよね。その時、目白ジムを発見して、「ちょっと面白そうだな」という感じで見に行ったんだ。そしたら、鬼みたいな人がいて、怖くて金縛りになってしまったんだ。黒崎健時先生だったんだよ。ワハハ、その時に、怖くて逃げられなくなっちゃってさ。
　黒崎先生の教え方というのは、「そこにあるサンドバックを蹴ってみろ、殴ってみろ」というような感じで、自分で覚えろ、って感じだったんだよね。それで自分で考えながら何にも知らないまま、やっていたんだ。ジムに入って2か月ぐらいしたら、「おい、そろそろ試合でもしてみろ」と言われて、まだ、ディフェンスも知らないまま、試合に出たんだよ。その時は、2RKO勝ちだったんだ。そしたら、また、その10日後にタイ人と試合したんだ。今の時代じゃ考えられないね。その時に、12〜13回以上ダウンを取られて負けたんだ。その日は、危ないから東大病院に一晩入院したよ。悔しかったね。同じ体重の人間に負けたのが悔しくて、退院して2日後にジムの内弟子として入門したんだね。
　それから、毎日、少なくても5時間以上練習しましたね。その後、全日本（石原慎太郎さんがコミッショナー）で30連勝した後に、タイ人の元ランカーに初めて2ラウンドのKO負けをしてしまったんだよね。その時から、打倒ムエタイを黒崎先生と目指すことになったんだ。黒崎先生は、私に「ムエタイを倒すのは、リズムを崩すことだ」としか、教えてくれなかったんだよね。「後は、闘うお前自身が考えるんだ」というから、自分が考え出したのは、変則フットワークなんだよね。「行くぞ」と見せかけて、行かなかったり、心理作戦（フェイント）なんかもいっぱい考えたね。プロレスラーの佐山聡（初代タイガーマスク）らと一生懸命に考えたんだよ。
　初めてタイに行ったのは、1970年3月だったんだ。その時から、熱さだけでなく、色んなことにメラメラとしたタイが大好きになったんだよね。ムワーッとした熱気、ヤモリだらけの空港、ギャンブラーだらけの試合会場などね。会場からは、外国人なんかに負けんじゃないぞ、って殺気も感じられたね。自分に負けて、追放処分になったムエタイ選手も何人かいたよ。気の毒だけど、それでも「負けてたまるか」って思ったね。でも、そんな野蛮で荒っぽいタイを知れば知るほど、タイが好きになり、いつかムエタイのチャンピオンを倒してやるぞと思ったね。
　昔のムエタイは、本当に強かった。今だってもちろん、世界で一番だと思うよ。しかし、昔は怪物がいっぱいいたんだよ。昔は、今よりも、もっと個性的で豪快に強いヤツらがたくさんいたよ。懐かしいね。

6-49　猪狩元秀師範

1950年生まれ。
日本拳法協会四恩会主席師範。
通算戦績：75戦64勝（57KO）9敗2引分け

▲センサック・ムンスリンとのスパーリング。センサクはボクシングを3戦して世界チャンピオンになった豪傑です。練習中も水をガブガブ飲むし、練習も豪快でしたね。私生活でもハチャメチャで、大金持ちになったり、すぐ使っちゃったり。とにかく豪傑でした。

　私が、ムエタイの存在を知ったのは、大学生の頃でした。その当時、沢村忠先輩（日大芸術学部卒）がテレビでタイ人と激戦しているのをよく見ていました。その時は、「日本拳法に似ているなぁ」という印象を持っていました。大学3年生の時に、日本拳法部員らと靖国神社に参拝するために走っている時、日本武道館に掲げられたキックボクシングの看板を見て「これからこれに挑戦するぞ」と決意しました。
　それから、キックの選手やムエタイ選手への挑戦が始まりました。日本拳法の動きは、直線の動きが基本なのですが、ムエタイの動きは、円の動きが基本のように思います。球体とも言ってよいかもしれませんね。
　タイ人との試合は、勝ったり、負けたりです。直線の動きが勝れば私が勝ち、円の動きが勝れば、ムエタイ選手の勝ちでしたね。サタンファーソー・プラティプと1勝1敗、プット・ローレックには1Rにハイキックでヒ負けしてしまいました。勝ったり、負けたり。それが勉強になりましたね。
　私はタイに7、8回行っているのですが、日本人がタイのジムに練習に行くだけで大勢の人だかりができました。日本人がムエタイ・ジムに来るっていうだけで珍しかったんでしょうね。当時は、ルンピニー・スタジアムは、まだ軍国主義の匂いがプンプンしていて、試合では賭けが行なわれていても、私を応援している人はいなかったかもしれませんね。
　これから、ムエタイ選手と闘う人に私の経験を伝えるとすると、勝つ方法は、2つあるということです。1つは「ムエタイ通りの練習を徹底的に行ない、相手を上回るムエタイの技術を身に付けること」。2つ目は「ムエタイの動きに同化せずに、徹底的に相手の動きを崩すこと」。この2つが、ムエタイに勝つ方法ではないでしょうか。

第7章

ムエタイと
仏教

7-1. 闘う前に

　伝統ムエタイの基本にはタイ仏教の教えがあった。それは試合観としても儀礼としても、現在のムエタイに受け継がれている。
　まず、ムエタイ選手は、リングに入る前に「プッタンラクサー」（仏よ、お守り下さい）、「タンマンラクサー」（法よ、お守り下さい）、「サンカンラクサー」（お坊さまよ、お守り下さい）と3回唱えてリングに入る。これは、仏・法・僧に守護を願うという意味である。
　そして、現在のムエタイは、試合の前に必ず「感謝の舞い」を舞わねばならない。これはムエタイを授けてくれた師匠や、両親などに感謝を示す儀礼である。ムエタイが武術であった時だけでなく、近代ムエタイの誕生以降も、この「感謝の舞い」は、闘う時には必ず行なわなければならない儀礼として受け継がれてきている。
　「感謝の舞い」の代表的な様式には、「プロムシーナー」（ブラフマンの舞い）[1]というバラモン教の神様の形を真似した舞いがある。この舞いの意味するところは、プロムハンシー（4つの良いこと）つまり「慈悲喜捨」で、仏教においても大切な教えとなっている。具体的には次のような意味になる。
　①メター＝慈、慈しみ。他人を幸福にしようと希望する無量心を持つこと。
　②カルナー＝悲、悲しみ。他人の苦労を理解同感し他人を苦しみから解放してやりたいと思う気持ち。
　③ムティター＝喜、喜び。多くの人々の幸福を見て喜ぶこと。
　④ウベカー＝捨、公平、公正、中立、不偏、無関心という意味。[2]
　僧が寺院で教養としてまた護身術として伝統ムエタイを伝承してきたので、仏教哲学や倫理、仏教に対する尊崇の念が現在のムエタイにも儀礼として堅固に組み込まれているのであろう。[3]

1　仏教が伝わる前のバラモン教、ヒンドゥー教の神。梵天。
2　冨田竹二郎『タイ日辞典』（養徳社）より。
3　National Culture Commission 1997, p.13.

7-2. ムエタイの仏教的装備

　伝統ムエタイは武器を持たず素手で闘ったため、相手の攻撃から直接的に身体を守るために何かを身に付けるということはなかったが、精神的な意味での防御のための装備があった。それは僧が作成した「護符」である。護符を身に付けていれば、相手の攻撃も効かず、ダメージも少ない。それも、有名な高僧が作成したものほど効力があると信じられていた。タイ人は古くから信仰心が篤く、このような「まじない」を大切にしてきた。入れ墨さえもまじないの1つとされ、大切な身体を護る御守りとされる。このように護符の超自然的な威力を信じるという習慣は上座仏教の本来の教えに基づくものとは言えない。しかし、タイ仏教そのものがバラモン教の儀式や習慣を排除しないで包摂してきたという歴史から言うと、これを仏教的な装備と言ってもいいだろう。
　現在のムエタイと古式ムエタイでは、闘い方や装いは異なっているが、仏教的な「装備」については頑なにその伝統が守り続けられている。具体的には次のようなものがある。[4]

7-1　新年を祝う儀式。会長はじめ選手全員が信心深い仏教徒だった。（ルークタパカー・ジム）

4　*Ibid.*, pp.449-457.

7-2 安全祈願の儀式。僧が選手に聖水を振り掛けて試合の安全と幸運を祈願している。中央に座っているのは、日本人選手と激闘を演じたサムゴー・ギャットモンテープ、センティアンノーイジム(『ムエ・サヤーム』提供)。

7-3 ジム開きの儀式。道場の安全を願って仏式の祈禱が行なわれた。(新格闘術バンコク支部谷口道場)

[1] モンコン

　タイの昔の戦争における白兵戦や古式ムエタイの試合では、常に素手で相手と戦っていたために頭部を守る鉢巻のようなものを巻いていた。これが「モンコン」である。現在のムエタイ・ルールでは、グローブを用いて長い時間戦うため、試合中はモンコンの使用は許されないが、試合直前の「ワイクルー」の舞いには使用されている。

　モンコンは布で作られており、その布には僧が書いた経文や呪文が記されている。ムエタイのスタジアムの周辺のお土産屋にはモンコンがたくさん売られているが、実はそのままでは効果がない。僧が祈禱をあげて初めてモンコンとして呪力を持つようになる。

　モンコンは大切なもので、いつも頭の高さ程の高い位置において置かなければならない。仏像と同じように扱わねばならないとされており、もし低い所に置いてしまったら途端に呪力が失われ、勝利に導く力がなくなってしまうと考えられている。

　かつては一番価値の高いモンコンは蛇から作られていたという。まず火で蛇をあぶり、それを水の中に入れて、次に乾燥させて、モンコンを作る。これは非常に呪力が高く、勝利に導くと考えられていた。

　時代が移り、素手の武術として競技されるようになると、最初モンコンを頭部に2つ掛け、1つが落ちたらそこで試合を止め、もう1度掛け直して戦った。そして、このことが勝敗決定の判断材料となった。

7-4　仏像と一緒に大切に保管されるモンコン。
（ギャラクシー・ジム）

7-5 モンコンを装着しているボーウィー選手（後ろ姿）。たとえ海外でのムエタイ以外の試合でワイクルーの儀式がない時でも、モンコンは必ず装着して、自身の身の安全を願う。腕（肘の上部）にはプラチアットを付けている。(2009年9月4日、後楽園ホール)

[2] プラチアット

　白い布や赤い布を三角に切り、布の上に高僧が経文と呪文と番号を書く。経文と呪文は、クメール文字、サンスクリット語、またはパーリ語で書かれている。この布を作る時は、モンコンと同様、僧が祈禱をあげる必要がある。高僧が文字を書いたプラチアットを身に付けたら危険を防ぎ不死身になると考えられていた。プラチアットの中

7-6 古いプラチアット。(2000年12月17日、ザ・モール、バンコクのバーンケン)

にタクルットという御守りを入れる者もいる。ムエタイの選手は腕に巻くことが多い。

[3] タクルット

　薄い鉄、金、銀、銅などで作られた細い筒。呪文や番号を書いた紙を布の中に丸めて入れてある。腰に巻いたり、ネックレスのように首に掛ける人もいる。

7-7 タクルット。(2000年12月17日、ザ・モール、バンコクのバーンケン)

第 7 章　ムエタイと仏教

[4] ピサモン

鉄から作る。番号を書き入れ、丸めて腰に掛ける。

[5] ピロート

紙と籐から作られた腕輪あるいは指輪。これも「カムライピロート」という仏教的儀式を行なって作る。2匹の蛇がおたがいの尻尾を噛んで輪になっている形で作られたものであれば大変貴重である。

7-8　ピロート（2000年12月17日、ザ・モール、バンコクのバーンケン）

[6] ワーン

「ワーン」は薬草から作るお守りである。薬草には、塗れば皮膚が強くなり火に近づけても熱く感じなくさせるものがある。この種の薬草からピロートと同じ仏教的儀式をして作る。これをモンコンやプラチアットの中にはめ込んだり、結びつけたりする。

7-9　ワーン・パヤフワディオ。薬草売りの男性は、この薬草は手の平に3回こするとパンチが強くなると言っていた。（2000年2月7日、カセサート大学、カセフェア薬草店）

[7] パーヤン

呪文や経文が書かれた長方形の布のお守り（パーは布の意）。有名な僧が作った物で、仏教的まじないが施された絵や通し番号が付けられている。これを切ってモンコンやプラチアットにしたり、結び付けて呪力を高めたりする。

7-10　ムエタイのジムに飾られたパーヤン

7-11　パーヤンを見せるボーウィー選手。祈禱されたパーヤンを次の写真のようにまるめて腕に巻き、プラチアットとして使用する。（2009年9月4日、後楽園ホール）

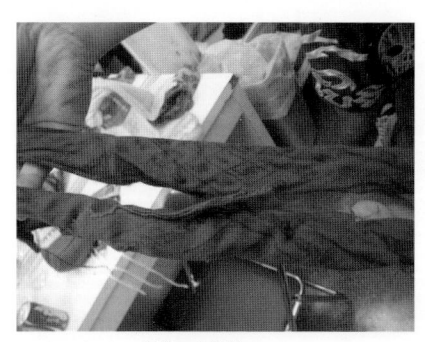

7-12　パーヤンを巻いた状態

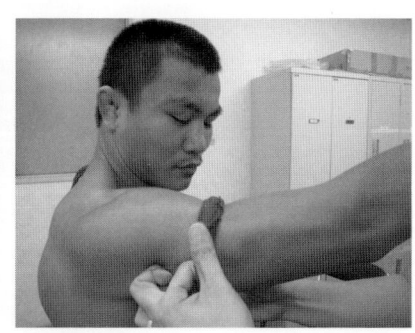

7-13　腕に装着したパーヤン

[8] スーアヤン

スーアは衣服の意味。写真は第2次世界大戦時に兵士が身に付けていたと説明されたスーアヤン。赤い布と白い布で作られたTシャツ状のお守りで、上着として着用された。スーアヤンを着ると不死身になって、相手の攻撃が当たらないとか矢や鉄砲の弾が避けていくと考えられ、昔の兵士はこのスーアヤンを着て戦場に向かった。現在のプロムエタイ選手は着用しないが、IAMTFアマ

チュアムエタイの大会ではワイクルーの舞いに指定のスーアヤンの着用を義務づけられている。

7-14　スーアヤン（2000年12月17日、ザ・モール、バンコクのバーンケン）

7-15　プラクルアン

[9] プラクルアン

　鉄やセメントでかたどったお守り。有名な高僧の髪の毛や僧衣の布、あるいは高僧が嚙んだキンマの実を中に混ぜて作られているものもあって、珍重される。僧はプラクルアンを作ったらそれに番号を入れる。僧が有名で徳が高ければ高いほど、プラクルアンは価値があり、尊いお守りとなる。

　かつてムエタイの修行者はこのプラクルアンをモンコンの中にはめ込んだり、プラチアットの中に包んだりした。プラクルアンを口の中に入れて闘う者さえいた。しかしこの方法は危険であったために自然に行なわれなくなった。

▶ ▶ ▶ ▶ フィールドノートから

プラクルアン

　ムエタイ選手のお守り好きは筋金入りだ。「闘う」という命懸けの仕事のためかもしれない。プラクルアンはペンダントにして首から下げたりする。プラクルアンの専門雑誌もたくさん発行されている。

　タムマサート大学の裏手にタープラチャンという仏像市場がある。仏像マニアでは有名な所である。仏像ファンのトレーナーからは「偽物も多いから気をつけてね」と言われたが、私には見分けがつくはずがなかった。

7-16　ムエタイの関係者がプラクルアンの専門誌を広げて品定めをしていた。

7-17　仏像アクセサリーの装飾品屋。

第**8**章

ムエタイ情報誌に見るムエタイの変化

私がタイでムエタイファンから入手した情報誌を見ると、時代とともに記事の内容や広告内容が変わってくる。タイ社会の変化とそれに伴うムエタイの存在意義の変化がわかって興味深い。

『キラー』（1950年）
「キラー」はスポーツの意。1950年8月13日の『キラー』誌の内容は、試合の勝敗や予想記事や選手のインタビューなどである。広告には、タイヤ、ウイスキー、電動のこぎり、胃腸薬、航空会社、飲料水、ビール、塗り薬、薬局、クリニック、整髪剤、X線、時計屋、皮膚病の薬、スポーツ用品、ポマード、メンソレータム、洋服屋、鼻つまりの薬、米国製の薬、精力剤、かゆみ止め、虫くだし、のど薬、鼻薬、映画館など。どの広告も写真ではなくて絵で書かれていた。

『キラー』

『キラー』

第 8 章　ムエタイ情報誌に見るムエタイの変化　　　　　　　　　　　161

『キラー』　　　　　　　　　　　　　　　　当時のスター選手であったスッグ選手の日常やトレーニングを紹介する記事

【広告】

子どもwでも大丈夫という栄養ドリンク　　　皮膚病の薬

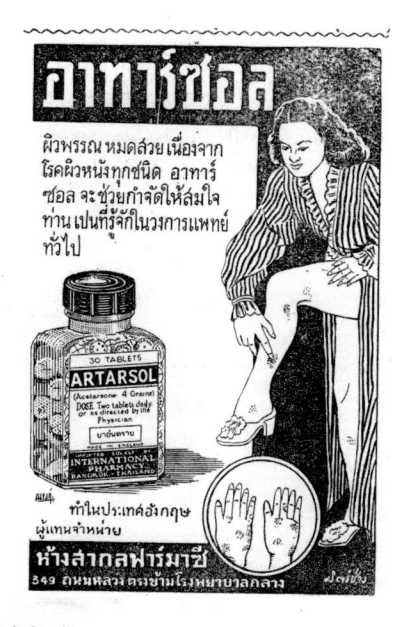

化粧品

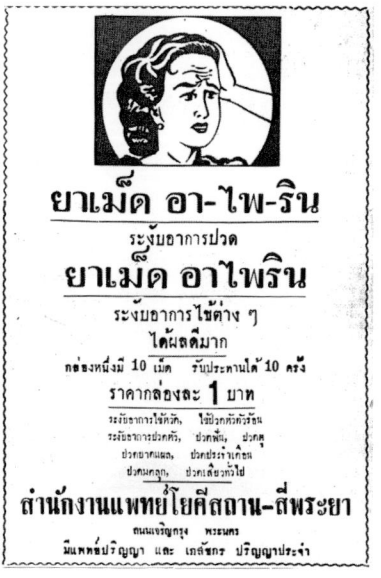

タイ航空のもとの会社だった航空会社

皮膚病の薬、たむしや痔など

頭痛薬

第8章　ムエタイ情報誌に見るムエタイの変化

ファイヤストーン・タイヤ

飲むと元気が出るという黒ビール

バドミントンのシャトル

かゆみ止め

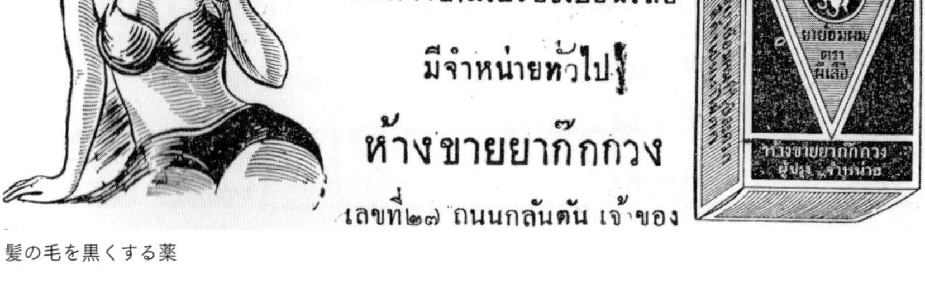

髪の毛を黒くする薬

『キラー・ムエ』（1951年）
「ムエタイスポーツ」という意味である。

『ボクシング』（1955年）

『ボクシング』（1966年）

『ボクシング』（1971年）

第8章　ムエタイ情報誌に見るムエタイの変化　　165

【広告】

面白そうな試合のお知らせ。

1960年代1970年代に入ると写真の広告も多く見られるようになってきた。ボクシングオイルの広告。

ソーシリナン・ジムの記事。在籍するチャモアペット選手やディーゼルノイ選手の活躍が書かれている。

『ボクシングニュース』（1985年）表紙を飾るムエタイの9冠王チャモアペット

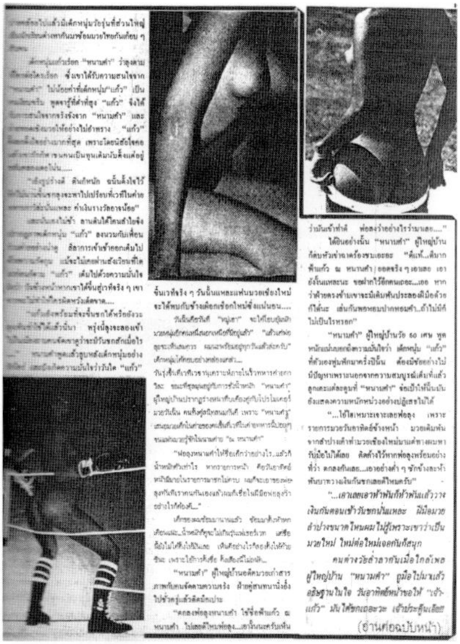

この頃になるとエロティックな写真が見られるようになる。記事の内容はムエタイのトレーニングだが、なぜか関係のない写真が。

『ファイター』(1986年) 表紙を飾るムエタイの天才児サーマート・パヤカルン。

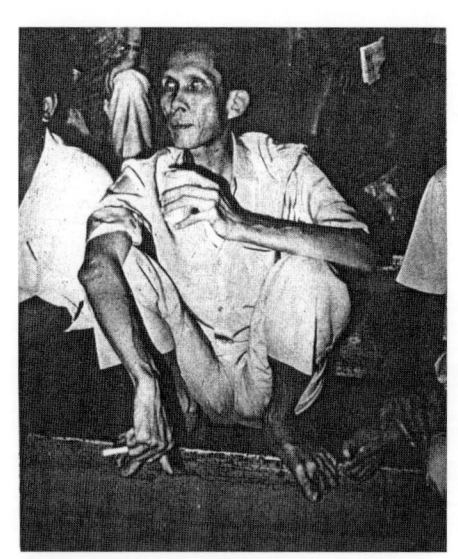

観客の声を聞いて賭ける選手を決めるという目の見えないギャンブラーの言葉などが紹介されている。

1980年代に入るとムエタイだけではなく、世界で活躍する国際式ボクシングの選手も登場してくる。

第 8 章　ムエタイ情報誌に見るムエタイの変化

『ムエ・サヤーム』（1987年）
現在も刊行されている。この当時の価格は 5 バーツ（約 15 円）であった。

『ファイター』（1990年）
右中段にはオロノームアンウボン選手の顔も見られる。

『ファイター』（1990年）
上段にはスーパレック・ソーイサン、下段には海外の強豪選手ラモンデッカーやピータースミット、巨象というニックネームのチャンプアゲッソンリット選手も見られる。

『ムエ・サヤーム』（2000年）
センチャイ・ソーキングスター選手やサムゴー、トンチャイ、ノンビー、ガオランなどの顔が見られる。価格15バーツ（約45円）。

今後の試合のスケジュールや予想表が掲載されている。

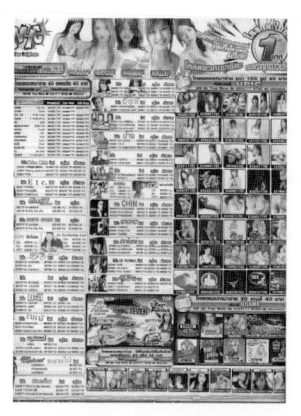

この頃になると携帯の待ち受け画面のセクシー広告などが掲載されるようになった。

男性向けのナイトバーの宣伝はよく見られる。

『ムエ・トー』に掲載されたエロティックな店の広告

　ムエタイ情報誌の広告も、1950年代の頃は日用品や航空会社などの大企業の広告で占められていたが、1990年代ごろから男性向けの娯楽であるナイトバーやエロティックな記事が多くなってくる。これは、ムエタイのファンが変わってきたことを表している。近代ムエタイが登場した当時は軍国主義が幅をきかせ、ムエタイの選手には強くて誇らしいというヒーロー像のイメージがあった。しかし、ギャンブル化が進むと、ギャンブル・ビジネスのツールと考えられ、ヒーロー性は薄れていった。オールドムエタイファンの溜め息が聞こえる。

第9章

ムエタイの世界

タイ国内の特に中産階層以上の間におけるムエタイ・イメージの低下にもかかわらず、ムエタイ選手を目指す若者は減らない。ギャンブル・ムエタイの人気が衰えないかぎりそれは変わらないだろう。また、タイにおけるムエタイのギャンブル化とは無関係に、世界におけるムエタイ人気は上昇し続けており、ムエタイ修行にタイにやってくる外国人も跡を絶たない。つまり、現在のムエタイの姿には、この30年間のタイの政治・社会・文化面における変化が集約されていると言えるであろう。ムエタイの世界は深く、また広いのである。

とはいえ、ムエタイの主役はむろんリングの中で決められたルールに則って闘う2人のボクサーである。彼らはなぜ闘うのか。最終章では、私自身の体験をからめてムエタイ選手の人生を語ってみたい。

9-1. ムエタイ人生

ムエタイ選手の数を正確に把握している組織はないと思われる。タイにもスポーツ・オーソリティー・タイランド（通称：コーコートー）というスポーツ団体の統括組織があり、プロ選手などの登録がされているが、実際の人数は把握できないだろう。どこからがプロでどこからがアマチュアか、見分けのつかないのがムエタイの世界であるからだ。

ムエタイ情報誌『ムエ・サヤーム』の編集長のジェンさんに聞くと、「だいたい20万人ぐらいじゃないかな。普段お百姓さんでも試合があればムエタイ選手になる人もいっぱいいるし、田舎の方では学校でもムエタイをやりなさいという先生も多いからね」という答えが返ってきた。[1]

ムエタイは1回の興行で約10試合が行なわれる。だから、1回につき最低20人の選手が必要になる。観光都市であるバンコクでは、タイの有名スタジアムであるラジャダムナン、ルンピニー、チャンネル7など以外にも、デパートや風俗店らしき店の前など、ほぼ毎日どこかで試合が行なわれている。テレビでは連日ムエタイの試合が放映され、スポーツ新聞もムエタイと国際式ボクシングのニュースを載せない日はほとんどない。さらに地方に行けば村祭りなどで

---

1 ラジャダムナン・スタジアムでシリモンコン（元東金ジムトレーナー、67歳）、ジェン（『ムエ・サヤーム』編集長、52歳）、スティチャイ（ムエタイ・ジム・オーナーで軍人、53歳）にインタビュー。2013年3月7日。p.178参照。

必ずムエタイの試合が行なわれる。そして選手のほうは、少年ムエタイ選手でもない限り、1度出場すると3週間ほどは試合ができない。つまり、タイにムエタイ選手はとにかくたくさんいるとしか言いようがない。

ムエタイ選手の年齢は、10歳から20歳ぐらいが一番多い。もちろん、ラジャダムナンやルンピニーの強豪で30歳前後まで海外で外国人相手に闘っている選手もいる。しかし、大半のムエタイ選手は20歳過ぎぐらいで現役を退き、様々な職業に就いていく。

私が「なぜムエタイを始めたのですか」と聞くと、選手からは「好きだったから」という答えが決まり文句のように返ってくる。「親に連れていかれて何となく始めていた」「まだ小さかったからあんまりよく覚えていない」という答えもある。しかし、このような言葉にはお付き合い程度の意味しかない。ジムで一緒に食事をしている時や他県の試合で遠征する時などの何気ない会話の中に、彼らの家庭環境や生い立ち、ムエタイ選手としての現在の生活、将来の展望などについての本当の気持ちがふっと現れてくることがある。

ムエタイを始める年頃は、決まって8歳か9歳ぐらい、遅くても15歳までである。まだ自我がそれほど目覚めていない時期であり、なぜムエタイをやっているのかは成長途中で自覚するといった方が自然かも知れない。

タイ政府の支援を受け、主に外国人へのムエタイの指導を担当するコーチ(40歳)は次のように語ってくれた。

「お父さんがムエタイをやっていて、お兄さんが始めたので、自分も始めた、みたいな感じかな。お金もらえるのが嬉しくて始めたのだけど、続けたのは貧乏だったせいかな。ムエタイの試合に出ればお金がもらえるし、どんどんお金が増えていくのが嬉しかった。中学生以降には、もう親からの援助など必要ないぐらい自分で稼いでいた」

彼は特に考えることもなく親や兄の後についていってムエタイを始めた。そして、金銭を得られることがわかると、小遣い銭欲しさに、次々と試合をこなしていった。高校、大学と進学し、ルンピニーのチャンピオンにまでなり、9万バーツを稼ぐ一流選手になる。大学卒業後は引退して、ホテルマンとして就職し、英語などを学んでいた。しかし、安い給料のサラリーマン生活に嫌気がさし、もう一度、高収入のムエタイの選手として返り咲き、31歳までムエ

2　2000年4月27日、ムエタイ・インスティテュートで。

9-1　ムエタイ・ジムに通う親子。父親はバイクタクシーの運転手、息子はムエタイ選手。(2005年4月2日、ビッグショット・ジム)

9-2　子どもにワイクルー(感謝の舞い)を教えている。このジムではお金のない家の子どもに無料でムエタイを教えていた。礼儀作法を身に付けさせるのが目的である。習うのにお金が必要のないのはムエタイらしい。(シットコーソン・ジム)

第 9 章　ムエタイの世界

9-3　バンコク・スクムウィット通りでのチビッコ試合。

9-4　10歳の息子に檄を飛ばす父親と家族。

9-5　ジムの清掃をする少年選手。(ポープラムック・ジム)

9-6　皿洗いをする少年選手。ファイトマネーの少ない少年選手はジムの家事が日課として課される。少年はこのような体験から自分で生活していけるようになっていくのだとトレーナーは言う。(ポープラムック・ジム)

第 9 章　ムエタイの世界

タイを続けることになる。
　現在彼は、得意の英語を生かし、外国人にムエタイを教えている。1997年のバンコク・アジア大会においては、タイ国ナショナルチームの監督も務めた。彼は「結婚して子どももいるし、幸せだよ。とにかくムエタイには感謝している。ムエタイをやっていなかったら大学もそうだけど、高校へも行っていたかわからないよ」と言う。
　彼はこのようにムエタイでお金がもらえ、自立できたと素直に喜ぶ。これはけっして特殊な例ではない。
　また、こんな過去を語ってくれた選手もいる。[3]
　「小さい時お母さんが死んで、お父さんに新しい恋人ができて…。その時もう自分は15歳だったから、家にいたくなくてさ。だから友達を頼ってトラー

9-7　歓楽街のナイトバーの用心棒をしながらムエタイの試合をしているチャーリー・タウンインタウン選手。観光客に頼まれれば、ベルトを貸してあげてポーズをとる。サービス満点である。「来週、90キロのフランス人と試合するんだ」と豪語していた。お金さえもらえば誰とでも試合するという。ムエタイはギャンブルだけのものでないことを証明するような選手だ。40歳にして強さの秘密を聞くと「気持ちの強さ」と答えてくれた。（2011年3月4日）

3　2000年5月3日、興行後の打ち上げパーティーで。

9-8　観光客に記念写真を求められるムエタイ選手。ムエタイ興行は観光資源として大きな役割を果たす。スタジアムのメイン収入はギャンブラーであるが、高額なリングサイドのチケットを購入してくれる外国人観光客は貴重な上客になるのである。通常、ムエタイ選手は女性との接触を厳しくジムの会長から禁止されるが、試合が終えた時は解放されるのであろうか、女性観光客にキスをする選手までいた。

9-9　ボーイ・ソーウドムソン選手と美人ムエタイ選手として人気のあるサーサ・ソーアーサリー選手。

第9章　ムエタイの世界

9-10　2004年2006年のK-1MAX、2010年のS-CUPチャンピオンのブアカーオ・ポープラムック選手。日本で世界の強豪を次々と撃破して有名になったブアカーオ選手は、最近ではタイ国内でもタレントとして活躍し、映画にも主演するようになった。ムエタイ＝ギャンブルではなく、「ムエタイ選手はタイのヒーローである」という過去のイメージに戻りうる可能性がある活躍である。映画はYamada The Samurai of Ayothaya。

9-11 シリモンコン・ルークシリパット（左）、スティチャイ（中）、ジェン『ムエ・サヤーム』編集長（右）。シリモンコンさんはムエタイの世界では有名な人である。ムエタイ・ミュージアムに昔の雄姿が飾られており、50年以上前のムエタイから詳しく語れるすごい人だ。日本でムエタイのコーチをしていたこともあって、日本の歌謡曲にも詳しい。お気に入りは山口百恵だ。「ちょっと待ってプレイバック、プレイバック」とよく口ずさんでいる。最近、ムエタイの世界で功労賞のようなものをもらったらしい。現在は、プロモーターの運転手をしている。ムエタイ・ミュージアムにはシリモンコンさんの昔の雄姿が飾られている。

トに行ったんだ。自分はいるところなかったんだよ。トラートに行ったらムエタイのジムがあって、そこに寝泊まりしてムエタイを始めたんだ。ムエタイ始めるのにはちょっと遅かったけどね。そのジムには自分ぐらいの子どもがたくさんいて、寂しくなくなったのを覚えているよ」

　彼は既に31歳のムエタイ選手である。実は8年前に引退して、現在は選手を指導するトレーナーの立場にあるのだが、大柄なこともあって、しばしば欠場選手の穴埋めに外国人と試合を組まれることがある。しかし、選手としての練習もせずに、ブランクのあとで試合に出てそれなりの結果を残せるのは、よほどムエタイ選手としての適性があるのだろう。確かに彼はムエタイが好きで、この仕事を得ることができたことと仲間ができたことを喜んでいた。

　私はたびたび若いムエタイ選手に「何歳までムエタイをやりたいですか？」と聞いてみたが、「お金を稼いでお店を持てるまで」とか「高校を卒業するまで」とか「大学の学費を払ったらやめる」など、現実的な答えが返ってくることが多かった。ムエタイの選手になることは、身体を資本にして奨学金を得るようなものだと考えている選手が多いのである。名選手であったシリモンコン・ルークシリパットは「ムエタイの有名じゃない選手はだいたい20歳ぐらいで辞めちゃうよ。有名じゃない選手はお金あんまりもらえないから」と片言の日本語で話した。[4]

　私の留学していたカセサート大学には、ルンピニー・スタジアムのバンタム級1位の選手がアマチュアボクシングの特待生として入学していた。彼は、いざ卒業して一般の社会人になってみると、ムエタイ選手時代のファイトマネーが10万バーツ（約30万円）だったのに、大卒サラリーマン初任給が1万バーツ（約3万円）未満であったことに落胆し、ムエタイ選手に復帰した。

　このように、ムエタイ選手の人生は環境、才能、運によって様々なドラマがある。そして、はっきりしているのは、ムエタイが1つの職業としてタイ社会に確固たる位置を占める存在となっているということである。

9-2. ムエタイのジム

　ムエタイのジムのことをタイ語でカーイムエと言う。カーイムエにはプロの

4　2000年5月3日、興行後の打ち上げパーティーで。

ムエタイ選手を養成している営利目的のジムと青少年教育の一環として運営されている非営利のジムがある。後者はバンコク以外にも多くあり、パッターニー県では県の教育委員会が麻薬防止のために援助金を出して軍隊に依頼してカーイムエを開いていた[5]。また個人でも、ある小学校教師が見返りを求めず、麻薬防止やムエタイによる教育を訴えてカーイムエを開いている例もあった[6]。ムエタイはそのように、スポーツとして、職業として、タイ社会に既に確固たる位置を占めているのである。日本の野球のような存在と言えようか。

　私が2000年3月から12月まで所属していたカーイムエ・ルークタパカーは30年以上もの歴史を誇り、現在のオーナーで2代目である。このジムには、15名のプロ選手が一緒に寝泊まりして、毎日トレーニングを続けている。全員がナコーンシータムマラートを中心とするタイ南部の出身で、オーナー自身も南部出身だ。少年時代に南部の村の大会やムエワットでムエタイを経験し[7]、南部のプロモーター等を通じてバンコクへ上京してきたという選手がほとんどである。15人のうち7人は特別入学制度で大学（各県に1つある教育大学の体育学科）に入り、大学で学びながらプロ選手として活躍している[8]。

　2代目のオーナーは、軍人で40歳。アマチュア・ボクシングで東南アジア大会に2度出場して、2度金メダルを取り、ソウル・オリンピックではベスト8入りした経験を持つ人物だ。彼はその功績が称えられ、40歳でありながら陸軍少将の地位にある。オーナーの方針は一貫して「人助け」である。

　「ボクサーの親はね、みんな農家か日雇いだよ。親を助けている選手もいる。人助けさ。ムエタイさせながら、皆学校に行かせてやるのさ。トレーナーも24歳だけど、先日、大学に入学させたよ。自分も弟も大学に行っていたよ。弟は大学に就職してムエタイを教えている。ボクサーはね、朝から晩までカーイムエにいるでしょ。だから世の中のことまったく知らずに大人になってしまうから、お金稼いで学校に行かせた方がいいんだよ。嫌だと言っても高校だけは行かせるよ」

　このカーイムエで生活する選手は次のように言っていた。
　ルンピニー・スタジアムでジュニアフェザー級2位の選手（22歳）。

5　2000年8月18日、パッターニー県で。
6　2000年9月7日、ルーイ県チェンカンで。
7　祭事や祝日に寺院で開かれるムエタイの試合。
8　以下、2000年5月〜10月の会話より。

第9章 ムエタイの世界

9-12 南タイ出身の選手が多く寄宿していたマーイモンコン・ジム。上段中央はK-1で活躍した元ルンピニースタジアム・チャンピオンのガオランガウチニット選手。このジムは選手に学業との両立を求めており、多くの選手が学生生活を送りながらプロムエタイ選手を続けていた。会長は「ムエタイ選手は無知で騙されやすい。学歴がないと引退してからがかわいそうだ」と言っていた。ムエタイのファイトマネーを奨学金として学校に行かせるジムは多い

9-13 チューワッタナ・ジムの選手と外国からのムエタイ留学生たち。(2013年3月15日)

9-14 イスラムの村のムエタイ・ジム。このジムの会長は元々マレー拳法のシラットの師範であったらしい。この村では県が麻薬撲滅のために寄付金を出してムエタイ・ジムを運営していた。イスラム教の地域なので、ギャンブルをするためのムエタイではなく、少年教育が強く方針として打ち出されていた。ジムには、リングもなければ、サンドバックもない。選手はコンクリートの練習場でひたすら首相撲の練習をしていた。この村の試合では、リングを一周まわってその場に座り込むだけで、ワイクルーを省くという選手がほとんどだった。モンコンは仏教的な護符であるため、ここでは用いないのが通例であった。この村からバンコクのスタジアムに出場するようになったムエタイ選手は、イスラム教であることを示すために、モンコンの下にアラブ風のターバンを巻いてワイクルーの舞いをすると言っていた。(ペットポンカン・ジム、パッタニー県)

「13人兄弟で親が商売やっているんだけど、兄弟はみんなそれぞれ。親の商売手伝っている奴もいるけど、俺はあんまりやりたくなかった。でも、学校行くのにはお金かかるでしょう。行こうと思ったら自分でなんとかしなくては。自分には好きなムエタイがあったからさ。ここにいればとりあえず、飯と寝るところは困らないでしょ」

30歳のボクサー。

「28歳まで農業一筋だった。でも急に村を出たくなったんだ。子どもの頃やっていたムエタイをやって都会に出たかったんだ。自分は結婚もしているし、子どももいるから、試合である程度のお金を貯めたら、また農業に戻るつもりさ」

水泳クラブのインストラクター(26歳)。

「ムエタイをやりながら大学を卒業して水泳クラブの先生になったけど、給料安くてやっていけないよ。だから仕事の合間に試合やって、お金稼ぐんだ。カーイムエにいれば生活費も要らないから生活は楽だよ」

三者とも、カーイムエに寝場所と食事を与えてもらい、あとは自分が必要な分だけ試合をすれば金銭を得ることができるという現在の生活に満足してい

第 9 章　ムエタイの世界

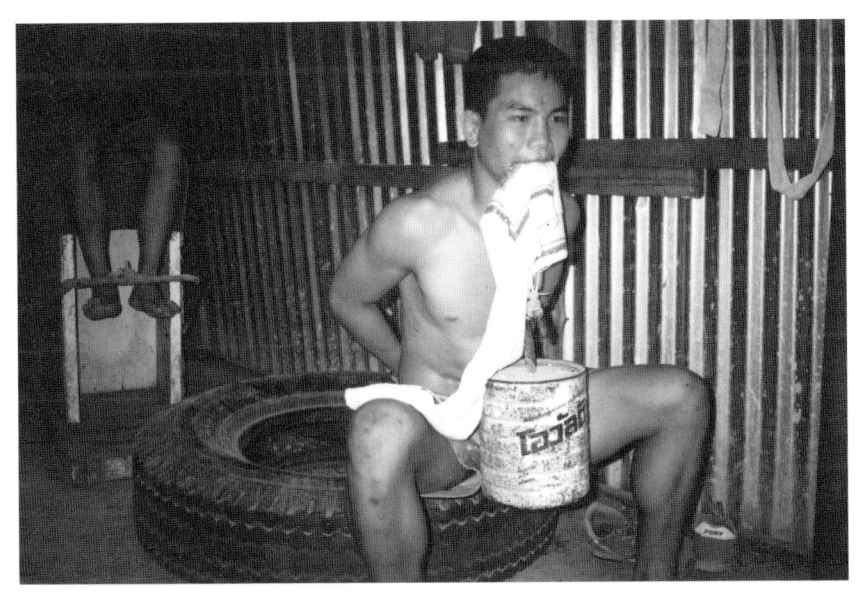

9-15　手作りの器具で首を鍛える選手。

9-16　K-1 名選手の前田憲作選手のミット蹴り。受け手は名トレーナーのチャーン氏。

た。カーイムエは貧困からの救済の場所であり、学校にも行かせてもらえるし、仕事も持てるのだ。

　ただし、カーイムエには厳しい規則を作っている所が多い。まずは恋愛の禁止である。「恋人いるの？」という問いには、いても、ほとんどの選手が「恋人などいない」と答える。ムエタイに女は禁物という「常識」が存在するからである。中には旅行客の女性がサンドバックに触るだけでも嫌がるジムもあった。もちろん女性は、リングに上がることはできない。あるカーイムエの会長はこう言った。

　「女を作るとろくなことがない、ムエタイ選手は世間知らずなのに強い奴は金を持っている。だから悪い女に、はまり易やすい。女など作ってしまったら練習しなくなるだろ。だから勝てないんだ。そうするとお金も稼げないし、生活も乱れる。カーイムエにも悪い影響がある」

　また、あるジムではサッカーも禁止されている。サッカーはタイ人に人気のあるスポーツであり、テレビ放送があればカーイムエでもテレビの前に人垣ができる。しかし、サッカーはケガをしやすい。ケガをすると、出場が決まっていたムエタイの興行に影響が出るからだ。

　また、カーイムエではトレーナーも一緒に寝泊まりしているので、試合を控えた選手は食事の面や飲酒も規制される。もちろん、集団生活なので、幼い少年でも、掃除洗濯など自分のことはすべて自分でしなければならない。早朝から練習があるから、午後10時には電灯を消し、一斉に就寝する。このような管理されたカーイムエの生活に耐えられる選手がムエタイ選手となることができるのである。

　カーイムエは富のある者が富のない者にチャンスを与える場であり、厳しい規律と訓練に耐えられることがそのための最低の条件なのだ。これらの条件を受け入れ、耐え忍べるのは一般的に都市で育った男ではない。農業などの1次産業以外に仕事のないような地方に育った男たちだ。タイ国の統計局によれば（1999年）、東北タイの主要都市以外の地域で農業、林業、狩猟、漁業に従事する者は72.9％。私がフィールドワークを行なったヤソートーン県のある村では、早朝8時から夕方5時まで稲刈りの仕事に行って、日当は125バーツであった。だが、その村からムエタイの選手として出場する13歳の少年は1試合で1500バーツのファイト・マネーを得ることができたのだ。

9-3. オーナーと選手

　Pattana kitiarsaの*Lives of Hunting Dog*には、ムエタイ選手はジム（カーイムエ）のオーナーという飼い主に忠実な猟犬であると述べられている。ムエタイ選手はどれだけ富と名声を得ても、養われているという事実は変わらないということである。

　ムエタイの選手は子どもの頃からジムのオーナーに面倒を見てもらっている。ファイトマネーをもらうだけでなく、住居や食事などすべてである。このような関係のため、選手として一人前になると、ファイトマネーの半分はオーナーに渡すのが一般的である。ジムのオーナーも「子どもの頃の少ないファイトマネーはすべて子どもにあげてしまいますが、大きくなって稼ぐようになったらちゃんともらいます」と言っていた。

　前にも述べたが、東北タイなどの田舎では、少ないファイトマネーでも「子どもの学費の足しになれば」と言って、少年ムエタイ選手の面倒を見ている小学校教師に会ったことがある。

　しかし、15歳になって中学を卒業する頃、田舎のジムからバンコクのジムに移籍することになると、田舎のジムは多少の金額をバンコクのジムから受け取る。バンコクのジムのオーナーが田舎のジムのオーナーから選手の権利を買うのである。

　私の親しいタイ人トレーナーは、「中学生の頃に一緒に練習していた友達はウボンでは有名な子どもだったので、35キロから40キロぐらいの体重しかないのに、バンコクのジムのオーナーが20万バーツで選手の権利を買っていった」と言っていた。彼自身はあまり強くなく、高いファイトマネーをもらえる選手ではなかったので、バンコクのジムに移籍することになっても、田舎のジムのオーナーにお金は入らなかった。その後、バンコクで面倒を見てもらったジムのオーナーは亡くなり、彼が日本で働くようになった現在、タイのムエタイのジムには一銭も払う必要はないと言う。しかし、彼のようなケースばかりでなく、タイを離れて外国でトレーナーをしていても、オーナーに収入の数パーセントを要求されているケースもある。彼の友人はトレーナーとしてヨーロッパでムエタイを教えているのだが、その国での月給の25％をバンコクのオーナーに毎月支払わねばならないと言っていた。[9]

9　2013年4月3日。

前述のブアカーオ選手は、テレビや映画にも出演するタイのスターなので、ファイトマネーも高額である。ムエタイのファイトマネーの半分がジムの取り分であることはムエタイ社会では慣例であるが、CM出演料や映画への出演料については「70％が彼に入り、30％がオーナーの取り分ではないだろうか」と私の友人のタイ人トレーナーは言った。正確な額は調べることができなかったが、ムエタイ以外の何らかの収入もジムにオーナーに吸い上げられるシステムがムエタイの世界に存在することは確かなようである。

9-4. ムエタイ選手の人気

　ムエタイ選手は周囲からどのように見られているのであろうか。大学に通いながら、ムエタイのトップクラスとして活躍している1人の選手に話を聞いてみた。彼は幼い頃、南タイからバンコクにやってきた。現在22歳で、99年にはMVPに輝き、タイ国で最も高額なファイトマネーを得ている選手である。[10]
　彼は男性ばかりの工業系大学に所属し、練習の合間に大学に行っているが、「大学の勉強なんて全然理解できない。学校へ行って椅子に座って帰ってくるだけだよ。大学の単位？　けっこうなんとかなっているよ」と言っていた。[11]
　さすがに周囲の大学生は彼がルンピニー・スタジアムのチャンピオンであることも、どれ程のファイトマネーを得ているかを知っているという。しかし、日本のプロ野球選手やJリーガーのように、若い女性が黄色い声を上げて大騒ぎするようなスターという訳でもない。ジムのほかの選手と一緒に共同部屋に宿泊し、食事も含めてすべて他の選手と同じように生活している。現在タイで流行中の携帯電話も、彼は持っていない。ジムの会長に「携帯電話など持ったら女ができてしまうから」と禁止されているからである。
　彼とほか数人のムエタイ選手たちいっしょに、ジムから一番近いデパートにあるケンタッキーに行った時のこと、[12] 私はこんなムエタイのスターが食事をしていたら、大騒ぎになるのではなかろうかとひそかに期待していた。しかし、ケンタッキーでは客は誰ひとり騒がず知らん顔で、店の対応も普通の客に対す

10　『ゴング格闘技』2000年7月号、日本スポーツ出版社、p.60。
11　1999年9月26日。
12　1999年9月26日。

るのと変わらなかった。外国人である私ですら知っていて、彼に会えた時には感動すら覚えたのに、これはどういうことだろう。その時私は、ケンタッキーという場所が悪いのかと思っていた。

　ある時、彼らとムエタイのスポンサーが経営しているディスコに行った。スポンサーは飲食料を50パーセント引きにしてくれるなど、大サービスをしてくれた。しかし、肝心な彼らの目的、ガールハントは成功する気配がない。女の子は寄って来ようともしないのだ。見かねた私が「彼らはムエタイの選手だよ」と近くにいた若い女性に声をかけた。しかし、女性たちは彼らを知ってはいたが、あまり興味のない様子であった。ディスコでも、あまり人気がないのだ。ムエタイのスーパースターは国民的スターでなく、限られたファンに人気のスターなのである。

　彼らは、タイの人気アイドルがするように、サインをすることがない。サインを書いた経験がないのだ。ムエタイの世界のスーパースターは、サインを知らない。彼らはタイにおいて、収入の面では普通のサラリーマンでは稼ぐことができないほどの金額を、1試合で稼ぐことができる。しかし、サインなど求められないのだ。あるボクシング誌の記者はこう言った。「メキシコ人のボクシング・チャンプなんか街を歩けば、そこらへんからサインを求める子どもが集まってくる。でもタイでは、ムエタイのチャンピオンにサインを求める子どもなんか見たことないよ」[13]

　歴史に残るような偉大な選手か、芸能人にでもならない限り、ムエタイ選手はタイでは有名人にはなれないのか。常にスポーツ新聞を賑わし、テレビのスポーツニュースに登場していても、一般のムエタイチャンピオン程度ではまだまだ知名度が低いのか。あるいは、知られていても、ムエタイのイメージそのものが低いから、スターとして敬意を払われることが少ないのか。
だから彼らは、週刊誌に追いかけられることもなく、毎日ムエタイの練習に集中し、苦しい練習に耐えながら、平穏に一般人と変わりない日常を過ごしているのである。

13　2000年12月9日。

9-5. ムエタイ選手の1日

　ムエタイ選手の生活について、練習を中心に生活のサイクルを述べたい。ここで述べるのは、私が所属していたルークタパカー・ジムの事例であるが、この生活サイクルは一般的なムエタイ選手の生活でもあると考えられる。

　選手は、早朝6時に起床する。歯を磨き、6時半からロードワークに出る。最初は1キロほど歩き、徐々にスピードを上げていく。ゆっくりと8キロから10キロ走る。途中、時々、歩いたりする。これは主にスタミナをつけるのではなく、毎日行なうことによって足腰を鍛錬するのと体重を増やさないためと考えられる。

　朝の練習は、苦しくなるほどは追い込まない。対人練習はマス・スパーリング[14]を中心に行なう。その後、シャドーボクシングをしたり、サンドバックを蹴ったりする。終了後、ジムにある水置き場に行き、水浴びをする。朝の練習はこれで終わりである。終了時間は人によって違うが、学生は9時頃から9時半頃である。

　練習が終わり、10時半頃、朝昼兼用の食事をする。食事は、トレーナーも一緒に、選手全員で揃って食べる。おかずはだいたい3品。白米を入れたお皿に早いもの勝ちにおかずをのせて慌ただしく食べる。南タイ出身がほとんどのため、黄色いカレー風味のおかずがいつも振る舞われる。

　1回目の食事が終わったら、あとは自由な時間である。このジムは学生も多いので学校に行く選手もいるし昼寝をする者もいる。夕方の練習までバイトに行く者もいれば、トランプで賭けを楽しむ者もいる。

　午後の練習は4時頃からである。練習の用意ができた選手から、また徐々に走り出す。午後のランニングは午前より速度が速い、4キロほど走ってジムに戻る。選手はバンデージを巻き、それぞれにシャドーボクシングを行なう。ゴングなんて物はないので、壁に掛かった時計を見て、10分位ずつすべてのメニューをこなす。トレーナーの指示でサンドバックを打ち始める者もいれば、ミット蹴りをする者もいる。トレーナーはミットを持って、試合の近い選手から順番に呼んでいく。ミット蹴りは、練習の中で最も心拍数をあげる苦しい練

14　力を入れず、相手に当てないスパーリング。タイミングや相手との距離感を確認するための練習。

習である。

　ミット持ちはクルームエ（クルーは「先生」の意味）と呼ばれる。このミット蹴りは、ミットの持ち手によって効果が全然違うのだ。ミット持ちの力量で選手の限界を大きく引き出すことができる。ある攻撃パターンを徹底的にミットに打ち込んで、疲れてふらふらの身体に覚えこませるのである。どんなに疲れてスタミナがなくなってしまった時にでも攻撃できるようにするためである。ミット持ちは強い選手をつくることによってジムから給料をもらい、また試合をした選手のファイトマネーの中からも何割かもらうことになっているので、彼らものほうも必死だ。

　ある程度選手が疲れきったら、次は「パム」と呼ばれる「首相撲」だ。首を有利な位置で取り合い、膝蹴りを入れ合う練習である。相手のバランスを崩し、膝蹴りを入れることに意味がある。いつも練習の終わりに、仕上げとして15分から30分ぐらい行なう。このパムがムエタイの醍醐味である。外国人キックボクサーたちにはあまり馴染みがなく、ムエタイ修行で苦労する技術である。

　また、毎日行なう練習ではないが、週に2日ほど、特に試合を直前に控えた選手は、2人組みになって、グローブをつけ、パンチの打ち合いをする。ヘッドギアをつけた場合は、遠慮なく、力いっぱい打ち合い、ノックアウトを狙う。しかし、ヘッドギアをつけない場合は、60％の力で打ち合うとなどしてダメージを残さないように練習する。

　以上のようなムエタイの基本的な技術の練習を終えた後、補強運動に入る。腹筋台を使って腹筋100回、腕立て伏せ50回2セット、そして柔軟体操をして終わりだ。

　練習を終えた後、ジムにある水浴び場で汗を流し、2回目の食事を待つ。食事のあとは、テレビを見たり、トランプをしたりしてそれぞれ自由に過ごす。門限は10時。その頃にはみんな就寝してしまう。

　ムエタイ選手は、このようなタイムテーブルで毎日を過ごす。試合を多くこなす選手で約3週間に1回、平均的には4週間に1回試合をする。休みといえば、毎週日曜日か、試合が終わった後の1週間程度である。

【あるムエタイ・ジムの1日】

9-17 朝のランニング前の一コマ、ムエタイ新聞（ムエ・サヤーム）でムエタイ情報を調べる。

9-18 朝のチャイナタウンを走るムエタイ選手たち。

9-19 トレーナーに走った回数をチェックされる選手。

9-20 朝の練習が終わると、選手は洗濯をする。洗濯機があるムエタイのジムを見たことがない。

9-21 部屋の外は選手の洗濯物でいっぱいだ。

9-22 昼間の空き時間にトランプして遊ぶ選手。どこのムエタイ・ジムでもトランプ遊びはみんな大好きだった。

9-23 このジムでは3時頃から昼の練習を始める。チャイナタウンなので人が多くランニングできないためか、朝のメニューと同じような練習をする。

9-24 ムエタイ用の縄跳びをする選手たち。水道ホースのような太い縄である。40分ほど跳ぶ選手もいる。

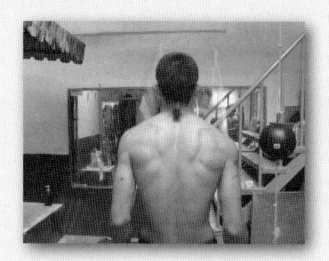

第 9 章　ムエタイの世界

9-25　一流選手の背中の筋肉はすごい。

9-26　縄跳びが終わってから念入りにバンデージを巻く選手たち。鉄砂の入ったサンドバックを叩き、相手の頭部を殴っても、拳が折れないようにするためだ。

9-27　田舎から出てきたばかりの少年に稽古をつけるチャンピオン。

9-28　ミット蹴りをする選手。これが最も相手の心肺機能を追い込む練習である。

9-29　国際式ボクシングの練習をする選手もいる。

9-30　パンチをサンドバッグに打ち込む選手。

9-31　タイではサンドバックが高い位置に吊るされており、選手はミドルキックとハイキックを打ち込む。ローキックは、練習する必要がないのかもしれない。

9-32　硬い鉄砂が入っているサンドバックを蹴り込む。私の貧弱な足では痛くて蹴り込めなかった。

9-33 午後6時にはタイ国歌がジムに流れる。練習を一時中断して直立する選手。

9-34 練習後に腹筋、背筋、腕立て伏せなどの補強練習を行なう。腹筋は、膝を伸ばし、トレーナーに腹部を鉄槌で叩かれながら行なう。

9-35 試合が近い選手はトレーナーから独特のマッサージを施される。

9-36 このマッサージ油の匂いは強烈である。

9-37 練習が終わると選手は水浴びをする。もちろん水道の水をそのまま浴びる。季節によっては、かなり冷たい時もある。

9-38 月に1度はジムのコンクリート面を水洗いするらしい。リング以外はマットのような敷物もなく、コンクリートがむき出しだ。

9-39 試合に向かう選手はジムにある祠に安全を祈願してからスタジアムに向かっていた。

9-40 ジムの片隅に飾られている祠。オーナーが中国人で中華街にあるためか、通常のジムで見られるものと異なり、中国式のような祠だった。

第 9 章　ムエタイの世界

9-41　選手の名前と試合予定。ファイトマネーの高い選手から順番に予定表が作られている。

9-42　食事はジムのオーナーの奥さんの豪華な手料理。

9-43　オーナーの奥さん。毎日30人分もの食事を欠かさず作るのは大変だ。

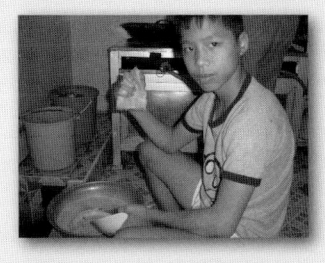

9-44　稼ぎの少ない新人少年選手はみんなの分も皿洗いをする。

9-45　練習後はジムに1つしかないテレビに集まって団らんが始まる。

9-46　皆でペットボトルのジュースを回し飲み。コップなんて必要ない。

9-47　強豪選手はタイでは高級品と言われるようなプロテインを摂っていた。

9-48　このジムの宿舎は、常に20人から30人の選手が暮らしている。私が経験した中で最も清潔だった。エアコンがあるのが有難かった。ベッドは組み立て式で、寝返りするとギーギーと音が鳴りあまり眠れなかった。

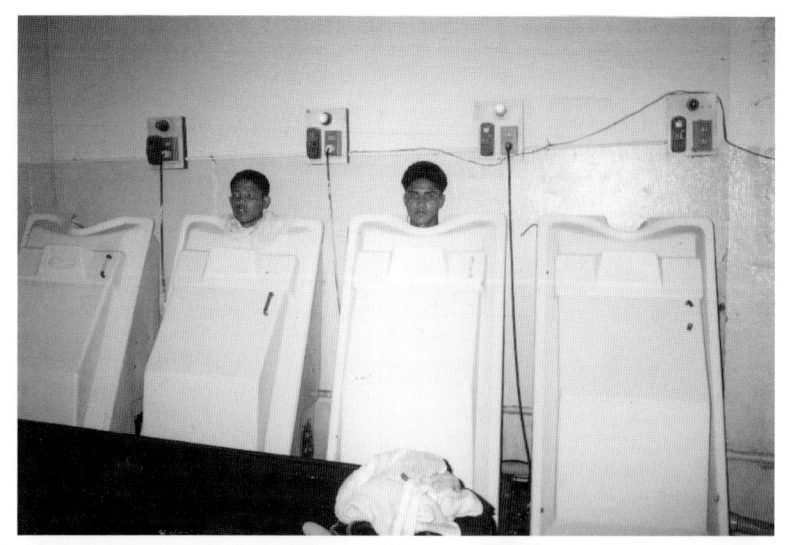

9-49 ラジャダムナン・スタジアムに併設された簡易サウナで減量に苦しむ選手たち。試合の出場する選手は早朝6時から始まる計量で契約体重をクリアせねばならない。体重オーバーだとずっとこのように頑張らねばならない。午前10時30分までに体重が落ちなければ試合は無効になり、違約金を払わなければならない場合もある。

9-50 ルンピニー・スタジアムの計量室。金網に遮られた部屋で計量を行なう選手、選手は全裸で下着も許されない。性器もドクターチェックの対象になる。性病の有無が確かめられるのである。ビッグマッチの計量時間には、金網越しにびっしりギャンブラーがはりついて、選手の体調をチェックしている。

9-6. 引退後

　引退後に何をするのかといっても、本当に千差万別である。知名度の高いボクサーでも、俳優や演歌歌手になって芸能界デビューする者もいれば、ギャンブルをして暮らす者もいる。スタジアムの雑用係りになって生計を立てている者もいるし、ムエタイの世界にはまったく関係のない公務員になったりする者も、別の商売を始める者もいる。ここでは、引退後もムエタイの世界に関わりながら生きる人々のライフヒストリーを紹介したい。

（1）ムエタイ・ジム経営者（38歳）

　彼は14歳の時、チェンマイの実家から家出をして、バンコクのムエタイ・ジムにやってきた。それから22歳までに200戦以上の試合をこなしながら、自分の年齢や引退後の生活を考え、南部のナコーンシータムマラートに移住して、プロモーターになった。プロモーターとして、自分自身を選手として派遣する生活を3年間送り、その間に23歳で結婚している。

　その後、選手兼コーチとしてフランスとベルギーに暮らした。日本でも9ヵ月間、ムエタイのコーチとして生活している。外国でムエタイのコーチをしている間に貯金をして、タイに戻り、世話になったムエタイ・ジムのトレーナーをしながら、強い素質を持った選手を見つけ、安く譲ってもらって独立した。新ジムと言っても、サンドバックを1本吊るしてあるだけの普通の民家で、彼は会長とトレーナーを兼ね、トレーナー1人、選手1人でスタートを切ったのだ。幸い、選手は期待通りにルンピニー・スタジアムのチャンピオンにまでなった。その後、彼はチェンマイから親のいない子どもを引き取って、ムエタイ選手に育て上げ[14]、南タイからもう1人引き受けた[15]。

　2人が成長して強くなってきた頃、トレーナーを雇ってジムを改装し、本格的なムエタイ・ジムにした。現在では15人程の選手を抱え、また、自分が家出してきたチェンマイにも20人程持っている。タイでは有名な少数精鋭の強豪ジムである。

　現在、彼自身は3人の子どもを学校へ通わせ、自家用車も所持している。独

14　2000年10月2日、ラジャダムナンのジュニアバンタム級チャンピオン。
15　世界ムエタイ評議会フェザー級チャンピオン。

立してから8年で家を建てたと言う。家出してきてから、ムエタイだけを生活の糧にして生きてきたのだ。彼はこう言った。[16]

「ムエタイはね、他の商売と違って、資本金が少なくっても、頭と運で成功できるんだよ。あとは親分肌かな」

彼の言葉が示すように、ムエタイのビジネスで成功するには、弱い選手を多く育てるよりも、たった1人でも強い選手を育てることが大切であり、それがジムの経営にとって必要であるとされる。強くなる素質を持った選手を見つけ出す能力も要求されるのだ。ムエタイ選手引退後にムエタイの世界で成功するには、強い選手を育て上げなければならない。

（2）国家公務員（26歳）

彼は教育大学の体育学科を卒業し、現在は国立大学の職員として働く公務員である。ムエタイの経歴は、大学在学中までに約50戦して、一番高額なファイト・マネーは1万バーツであった。彼は以下のように言った。[17]

「自分は、ムエタイに飽きたんだよ。苦しいし、遊びに行けないし、自分のファイトマネーはそんなに多くないし。大学までムエタイやったんだから、もういいやっていう感じかな。大学出たんだから。苦しいムエタイやらなくても仕事があるからさ」

彼はそれほど強い選手でなく、ファイト・マネーも高額でない。アユタヤにある彼の実家は大学生相手の安宿と食堂を経営している。金銭的に貧しい雰囲気はなく、元々貧しい育ちという訳ではなさそうだ。運動能力に優れていたから、ムエタイ選手の道に進んだのだろう。

彼は外国人や上流階級用に設置されるスポーツクラブのムエタイコースのコーチとして、再就職が内定している。現在のムエタイとの関わりは、週末に昔のムエタイ仲間とディスコに繰り出すことと、彼らの出場する大きな興行があれば、賭け金を持ってスタジアムに応援しに行く程度である。

（3）リングサイドの賭け屋（53歳）

彼はムエタイ興行が行なわれる日には必ずスタジアムのリングサイドに座っ

16　2000年10月2日。
17　2000年11月28日、カセサート大学で。

第 9 章　ムエタイの世界

9-51　トレーナーのCさん（55歳）（右）。「僕はブリーラム県で中学を出てからしばらくムエタイだけをやって暮らしていました。選手を辞めてからも、他に仕事がなかったので、ムエタイのトレーナーになりました。選手が強くなっていくと嬉しいので、この仕事はやめられません。ジョンムートン（左）も育てた選手の1人です。60歳ぐらいまではムエタイのトレーナーをやりたいですよ。トレーナーを辞めたら、ブリーラムに帰って果物を売る仕事をしようと思っています」

9-52　トレーナーのLさん（39歳）。「大学を卒業後、東北地方の農協のようなところに就職したけれども、給料は6800バーツ（約2万円）しかなかったから、ムエタイの選手に戻り、バンコクでトレーナーになりました。トレーナーの方が給料が高いし、強い選手を鍛えれば外国にも行けるので、けっこう楽しい」

ている。職業は持っていない。賭けだけで生活している「賭け屋」である。子どもが2人いて、共に成人している。

　ムエタイ選手としてはラジャダムナン・スタジアムのランキング6位まで行った。当時は日本の強豪、藤原敏男選手たちと戦い、何度か来日したという経歴を持つ。その間、日本語を覚え、引退後は日本人選手とタイ人選手のマッチ・メイクを手伝って日本へ行ったり、日本からキックボクシングの関係者が来るとその世話をしたり、また大きな興行があるとプロモーターの手伝いをしてチップをもらうなど、いわゆる便利屋稼業で生活していた。

　便利屋になる前は、賭けをする人のために、過去にA選手とB選手はどちらが勝ったとか負けたとかという戦歴表と対戦の予想表（ウィチャーン・ムエ）を個人的に作って、スタジアムの前で、10バーツ（約30円）で売っていた。日本で言うところの競馬の予想屋である。選手引退後、この仕事を25年間やっていた。それを辞めてから、しばらく便利屋をやっていたのだ。そして、次に彼が選んだ仕事は、賭け屋だった。彼は片言の日本語で次のように言った。[18]

　「わたしな、今な、賭けだけで食べる。少ない月、1万バーツ、多い月、2万バーツ。プラマン（だいたい）1万5000ぐらいある。（それ以上）儲かると思って、頑張るは良くない、マイディー（良くない）、失敗する。ちょうどいいが一番」これが賭けで生活していくコツと言う。「奥さんな、お金渡すよ、1日400バーツ奥さん、渡す。それで奥さん、文句ない。奥さん、大丈夫。私、ごはん食べるは、1日100バーツ。タクシーは200バーツ、大丈夫。私、マイミーバンハー（問題ない）。ちゃんとしてる。私、食べるは大丈夫」

　彼は「おじいさんになってもだいじょうぶ」とも言う。彼は引退してから、ずっとムエタイを見てきたのだ。どちらが強いのか、どう賭けたら損しないのか、経験で知っている。過去には負けが過ぎて家に帰れない日もあったらしい。彼はまさにムエタイの「ギャンブル」の中で生きる男なのだ。

9-7. タイ人にとってムエタイとは？

　タイの東大と言われるチュラーロンコーン大学を卒業したタイ人女性が男の子を出産した時に、「大きくなったらムエタイを習わせたいですか？」と聞い

18　2000年12月11日、ラジャダムナン・スタジアムで。

第 9 章　ムエタイの世界

9-53　デン師範（78歳）はムエタイにグローブが導入されてから現在の形になるまでをよく知っている。ムエタイは世界に誇れるものであると言う。

てみたことがある。答えは、「そんなもの絶対に習わせたくない」。ムエタイを汚らしいもののように捉えている口調にびっくりしたのを覚えている。

　チュラーロンコーン大学でムエタイの体育授業が行なわれているのを調査したことがあるが、授業の内容はストレッチやワイクルー（試合の前の師への感謝の舞い）やバンデージの巻き方であった。サンドバックを少々叩いていたが、マススパーリングやスパーリングは行なわれていていなかった。

　農業大学であるカセサート大学は、推薦入学でムエタイ選手を教育学部体育学科に入学させていたが、ムエタイの体育授業においてはシャドーボクシングだけで終わっていた。

　ムエタイの伝説的な存在であるデン師範がムエタイを教えているタムマサート大学でも、「ムエタイをやりたいって学生のほとんどは外国人留学生だよ」と師範は嘆いていた。

　デン師範は言う。「ムエタイはギャンブルが絡んでいるので、教育を受けている人はあまり好まないのです。空手やテコンドーはやりたがる人はいますが、現在のムエタイは、僕らの若い頃と違って、そんなに人気がないのです」

　デン師範の青春時代は、ムエタイの選手というのは国家の誇りであり、国民から尊敬の的であったと言う。しかし、現在は、ムエタイといえばギャンブルのためにやるものというイメージが浸透し、人気が得られないと語る。

　東南アジアを旅する若者が集うゲストハウスで働くクッキーさん（42歳）は、バンコクではごく一般的な生活をしている母親で、中学3年生の子どもと小学校6年生の男の子を育てている。彼女は「今の子どもはムエタイにはあまり興

19　2013年3月12日、カオサンロードで。

9-54　ムエタイをすれば我慢強い子になると言うお婆ちゃんとちびっこ選手。チェンマイ、ターペー・スタジアムで。

味ないわよ。うちの子ども、ムエタイがテレビでやっていても絶対見ない。今の子どもたちには、サッカーが人気よ。宿に外国人が来るとムエタイを習いたいと言うけど、近所の子どもでムエタイやりたいなんて言う子は会ったことないわ[19]」と言った。

　しかし、バンコクを出て田舎へ行くと、「ムエタイは教育に良い」と言う大人によく出会う。チェンマイのターペー・スタジアムで出会ったおばあちゃんは「ムエタイは、子どもを我慢強くする」と言っていたし、東北タイで出会った父親は、「学校の勉強よりもムエタイだ」と言って、子どもをコーンケンにある軍隊のムエタイ・ジムまで毎日通わせていた。もちろんバンコク市内でもすべての親や子どもがムエタイに興味を失ったわけではない。クロントゥーイ・スラム近くにあったビッグショット・ジムは、近所にいる子どもたちが、習い事をするかのようにムエタイ・ジムに集まっていた。ムエタイのショーをすればお小遣いになるし、試合をすればファイトマネーももらえる。ムエタイが貧しい子どもたちの小遣い稼ぎになるのは言うまでもない。

　現在のムエタイは、中流以上のタイ人にはギャンブルの対象としての薄汚れた存在であり、中流以下のタイ人にとっても、ビッグドリームと言うより、卑近な生活手段の１つとして捉えられていると言っていいだろう。特に若者の目には、憧れの対象というよりも苦しい修行のように映っているのかもしれない。

▶▶▶ フィールドノートから

ムエタイの強さ

　日本では、1990年代前半から「K-1グランプリ」というムエタイやキックボクシングに近い格闘技が開催されている。基本的に参加者はヘビー級の選手なので、身長190センチ前後であり、体重は100キロ前後の選手が普通である。しかし、私の記憶に残るムエタイからの参加選手は、身長180センチに届かず、体重は80キロを下回っていた。

　1990年代に日本で活躍したチャンプア・ゲッソンリット選手は、タイでのニックネームが「巨象」で「身体が大きすぎて対戦相手がいない」と言われていたが、それでも175センチ、75キロほどの身体であった。日本では、UWF[20]のプロレスラーを相手に闘ったり、日本の大柄な空手家と闘ったり、ヨーロッパの選手と闘ったりした。対戦相手を破壊力抜群の蹴りで圧倒していく姿を覚えている日本人ファンは多いかもしれない。

　2000年代に活躍したガオグライ・ゲンノラシンという選手も身長180センチ、体重80キロに満たない体格であった。日本のマスコミは、彼を「マトリックスのようなディフェンス」と評した。自分よりも30センチ以上も身長の高い選手の攻撃を上半身の柔らかさで柔軟によけ[21]、50～60キロも重い体重の選手をカウンターのハイキック一撃で倒す姿が[22]、目に焼き付いているファンも多いだろう。

　このようなムエタイ選手は稀にしかいないのかというとそうでもない。自分の2倍もの身体を持つ相手との組み合わせは滅多にないかもしれないが、10キロ程度の重い相手との対戦は珍しいことではない。私に草ムエタイの試合やテレビマッチを持ちかけてきた地方のプロモーターは、「相手は小さいから心配しないで」「10キロぐらい軽い相手を用意する」といつも言ってきていた。それは、私の実力が通常のムエタイの選手に比べて劣っていると見られたからかもしれない。日本で数回リングに上がった程度の選手を片付けるのは、タイ人

20　打・投・極を認める格闘技団体である。前田日明創始。
21　2005年3月19日、チェ・ホンマン戦。
22　2004年12月4日、マイティー・モー戦。

選手にとっては赤子の手を捻るようなたやすいことなのだろう。

　日本のキックボクシング興行を手掛ける人に、ムエタイの強さの秘密を聞いてみた。彼は、多くの実例とデータを示し、ムエタイの強さは表現できないほどだと言う[23]。そして、ジムにいたタイ人選手を指し、「あいつ、日本に来てから、何年も練習もやらないでビールばっかり飲んでて、ブクブク太っているけど、すごいんだよ。試合の前日まで飲んでたのに、試合になったら、日本人選手を子ども扱いにしちゃうのよ。本当に、どんだけ強いんだろと思ったよ」と言った。このような話は珍しくはない。

　キックボクサーで東洋太平洋スーパーフェザー級のタイトルを保持する蘇我英樹は、ムエタイの強さを「ディフェンス力である」と言った。ムエタイ選手は相手の攻撃にカウンターを合わせる技術が高く、リーチ差なども関係ない距離感を摑んでいるというのだ。彼は40戦以上のキックボクシングキャリアがあり、タイ人とも10戦以上、闘っている。「ムエタイ選手は日本人の4倍ぐらいの試合をしているのが普通です。ムエタイの中で生活しているから強いんですよ」と言った[24]。

　同じくキックボクサーで、Jネットワーク日本ウエルター級チャンピオンの

---

[23] 2013年3月31日、興行マネージャーにインタビュー。
[24] 彼自身のブログにも語っている。http://ameblo.jp/sativax/page-2.html#main

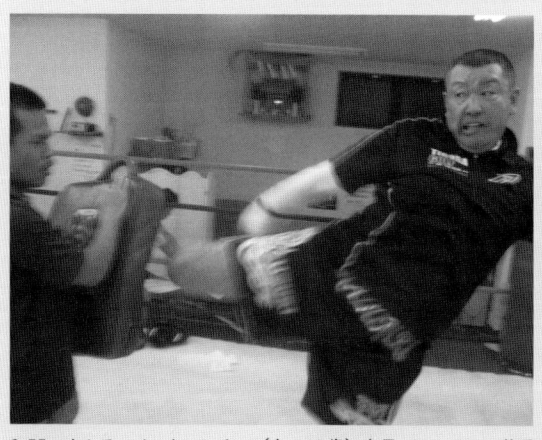

9-54　蘇我英樹選手。「ムエタイの強豪選手は自分の身体を守る力が日本選手の何倍もあります」

9-55　ナムチャイ・トレーナー（左・29歳）身長157センチ、体重57キロ。身体は小さくても大きな日本人選手を子ども扱いにしてしまう。1日に何十ラウンドも選手のキックをミットで受ける。120キロ以上ある練習生の蹴りを受けてもびくともしない。

第9章　ムエタイの世界

9-56（左上）　ブアカーオと組み合う大竹選手。首をしっかり巻き込まれるとコントロールされてしまう。
9-57（左下）　首相撲では相手の腕より内側を取るのが鉄則であるが、なかなか内側を取らせてはもらえない。
9-58（右上）　大竹選手とブアカーオ。大竹選手は、身長では180センチの自分の方が5センチほど高く、体重も3キロ程重いのだが、骨格や背筋の大きさが自分より一回り大きかったと言っていた。

大竹将人は、タイ人の強さを「首相撲の強さである」と言った。彼はタイの強豪選手であるブアカーオ・ポープラムック選手が日本に来日していた時、練習相手に抜擢されたのであるが、彼によれば、「大木を相手にしているようで、何にもできなかった」。彼からのメールを以下に紹介する。

「ブアカーオがThai Fightの日本大会に出場する折に、調整しようとウチのジムに練習に来ました。タイ人トレーナーから、首相撲の相手をしろと言われ、相手をさせてもらいました。時間は3分2ラウンドだけでした。1度くらいは倒してやろうと挑んだんですが、まったくブレなくて、まるで大木を相手にしているような感じでした。首相撲は得意なほうでしたが、あんなに簡単に倒されたのは初めてです。その後10日間ほど首から腰にかけて味わったことのな

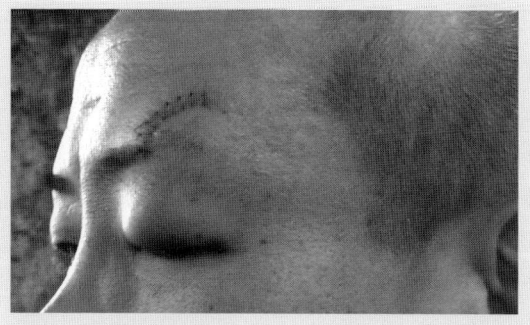

9-59 ひじ打ちで切られるとこうなる。通常のムエタイの試合では8針ぐらいの傷では止められない。スタジアムに併設された医務室で簡単に縫ってもらえる。すごい技術だった。

い筋肉痛が残りました」[25]

　首相撲とは、自分の膝蹴りを相手に入れやすい体制にするために、相手の首を取り、自分の有利な体制に崩す技のことである。この技を体得するために、タイ人は長い時間をかけて練習する。私が調査したジムでは、毎日練習の最後に15分から30分ぐらい行なわれていた。私のレベルでは、1度練習すると次の日には首に筋肉痛が残って動けなくなることがしばしばであった。この首相撲をムエタイ選手は子どもの頃から練習している。大竹選手が「大木を相手にしているようだった」という首の強さは、子どもの頃から培われた強さなのである。

　また、首の力が強いと言うだけでなく、合気道のように、相手の力を利用する駆け引きが用いられる。日本の総合格闘技の強豪選手である桜井マッハ速人選手[26]は、「首相撲は、力ではない」と言う。マッハ速人選手は組み技が強くて有名な選手である。しかし、私はマッハ速人選手から「体重が20キロぐらい軽い選手に、知らぬ間にかわされ、あっという間に崩された」と聞いたことがある。マッハ速人選手がタイにムエタイ合宿に行った時のエピソードである。このような技術を修得するには豊富な経験が必要で、子どもの頃から練習しなければだめだと話していた。

　日本のキックボクシング草創期のチャンピオンであった大沢昇氏（70歳）も、ムエタイの強さについて、「練習量の多さが一番の理由である」と言った[27]。「人よりいっぱいサンドバック殴って蹴ってんじゃない？　それだよ、タイ人が強いのはそれだよ。日本人よりか練習していると思うよ。ただそれだけだよ」

　特に秘密はないということなのだろう。幼少の頃からの環境や練習量、試合

25　2013年2月1日。
26　総合格闘技で活躍する選手。元修斗ミドル級チャンピオン。
27　2013年2月13日。

経験の量が、ムエタイの強さを作り上げているのだ。練習の積み重ねが、ムエタイの技を人間の身体能力の技を超えたものにまで変質させているのではないか。試合経験の豊富さが、戦う前から試合の恐怖を克服しており、大きな対戦相手にも不動心で自分の力を発揮させることができるのではないだろうか。これがムエタイの強さであろう。

　元WKA世界ライト級チャンピオンで、武田幸三などの名選手を育てた治政館館長長江国政師範は、ムエタイを倒すのは「タイミング」であると言う。

　「ムエタイ選手が守りに入ったら本当に強い。タイ人は足は速いし、目は良いしね。まだ打ち合ってくれる選手の方が日本人が勝つ可能性が高いね。日本

9-60　長江国政師範（右）

には、古来、いかに相手を騙して打つか、虚と実を使い分ける術があるのさ。それが日本拳法だと思うんだ」

大沢昇さんの話

　2013年2月13日、大沢昇（本名　藤平昭雄）さんにインタビューした。
　大沢昇さんは70歳。大沢食堂を開いている。15、6歳の時に大山倍達が率いる大山道場（後の極真会館）に入門。21歳の時に、ルンピニー・スタジアムで空手とムエタイの対抗戦に出場し、以後30歳まで全日本キックボクシング連盟初代バンタム級チャンピオンとして活躍した方である。
　大沢さんがデビューした頃は、まだキックボクシングなんて名前はなかったと言う。「試合は何戦したのですか？」と聞くと、「昔のことなんか忘れちゃったよ。昨日のことも忘れちゃうのにさ」と笑っていた。「まあ100戦以上は、軽くやってんね。そのうちのほとんどがタイ人だったよ。ムエタイの選手とは、いっぱい試合したよ」
　以下はそのインタビューである。

菱田「ムエタイの強さってなんですか？」
大沢「そんなのいっぱいあるよ」
菱田「特に言うなら何ですか？」
大沢「そんなのわからないよ。やってる人の数の多さも1つだし、貧しさも1つだし、色々だって。難しいことは俺に聞くなよ。もっと頭のいい人に聞きなよ」
菱田「身体的なことはどうですか？」
大沢「背が高いとか、手が長いとか、そんなのあんまり関係ないよ。そんなの気にしている奴は強くなれないよ。技がうまいとかも、俺はあんまり変わらないと思う。やっぱりねえー、練習しているのよ。練習しているから強いんだよ」
菱田「強くなるには、どうしたらいいですか？」
大沢「強くなるのに何にも定義はないんだよ。どうしたら強くなるかなんて、何にもないよ。ただ、練習さ。練習せずに強くなった奴はいないんだよ。あんた、王貞治って選手、知っている？　王さんはね。ホームラン打つにはね。人よりいっぱい、1回でも多くバットを振んなさいって言うんだよ。俺もそれだと思うよ。人よりいっぱいサンドバック殴って蹴ってんじゃない？　それだよ。タイ人が

強いのは、それだよ。日本人よりか練習していると思うよ。ただそれだけだよ」

9-61　9-62　大沢さんは笑いながらムエタイの強さを話してくれた。店には、キックボクシングチャンピオン時代の写真が飾られてある。

　大沢さんは、笑いながら、ムエタイの強さを話してくれた。あまりにも大沢さんの歯並びが整っていたため、「大沢先生、歯は自分の歯ですか？」と聞くと、「ああそうだよ。何度も折れたけど、何度も生えてきたのさ」とケタケタ笑った。

大沢「しかし、昔は、よく殴られたね〜。みんな、練習中に歯が飛んだもんだもんね。今の先生は、大変だね。俺らの頃は練習中で殴られて当たり前だったからね。先生にお金払ってても殴られてたんだからね、へへへ。俺さあ、今、食堂、がんばってやってんだからさ。難しいこと聞くのは、やめてよね〜」

　なんとひょうきんな格闘家だろう。私の会った往年のムエタイ有名選手もひょうきんな人が多かった。しかし、70歳にして、ゲラゲラ笑いながら夜中まで大きな中華鍋を振るっている体力に、やはり「常人ではない」凄みを感じた。

ムエタイのひろがり

9-63　キックボクシングの創立者、野口修氏。1966年、日本キックボクシング協会設立。
「私は、タイボクシングではなく、日本発信の格闘技を世界に発信したいと思って、キックボクシングを創りました。創立当初は、柔道の一本背負いや頭突きなどを認めていました」

9-64　フリースタイルカラテ。極真空手に古流柔術・相撲・レスリング・柔道・ムエタイの技が加えられて創られた格闘技。ムエタイの影響を多分に受けている格闘技である。元極真オープントーナメント優勝者増田章創始。

9-65　アマチュアシュートボクシングを楽しむ人々。小さな子どもからアスリートまでが楽しめる競技として様々なルールが整備されている。立ち技での打・投・極を認めた総合格闘技。1985年に設立。

9-66　伝統ムエタイを世界中に普及する活動をしているスパン師範。「ムエタイのムエってどういう意味かわかりますか？　元々ムエって言葉は、結ぶとか、束ねるという意味なんですよ。だから、敵と一体になったり、音や空気に調和すること、1つになることとも言えるんです。1つになるって世界平和も意味するんですよ」

第 9 章　ムエタイの世界

9-67　Peter Vail博士。1998年にムエタイの博士論文を提出した先駆者。

9-68　ウボンラーチャターニーでムエタイ・ジムの運営をしながら、大学で日本語を教えている佐々木功輔先生。ムエタイの賭けの仕組みをご教示いただいた。

9-69　ムエ・ラオ（ラオス式ボクシング）。見た目にはムエタイと変わらないが、判定勝負が少なく、倒しあうシーンが多い。ラオスの社会主義体制がギャンブルを容認しないため、スタジアムの観客もおとなしい。しかし、ギャンブルはこっそり行なわれているという話もある。

9-70　ラジャダムナン・スタジアムのムエタイ楽団。太鼓が2人、チンという鐘が1人、ピージャワという笛が1人の4人の生演奏楽団がムエタイの試合を盛り上げる。試合の強弱にあわせて音楽が奏でられる。第4ラウンド後半から、「激しく闘え」とばかりに激しいリズムになっていく。

9-71　ラオスのムエラオ楽団。ムエタイの音楽との違いは、左端のケーンという日本の笙に似た楽器や右端の木琴のような楽器が加わることである。タイ東北部もラオスと同じラオ族なので、同じような演奏が行なわれていた。

9-72 トラン県で行なわれたムエタイの試合。地方のムエタイ場はこのような野外が多い。（写真提供：石井要氏）

9-73 旅行者にムエタイを教えるジム。ムエタイは外国人に人気のある娯楽である。カオサンロードという安宿街には世界中から若者の旅行者が集まる。ここにあるソーワラピン・ジムは、誰でも1度の練習で300バーツ（約900円）出せば、レベルに合わせて稽古をつけてくれる。お客さんは1度だけムエタイを経験してみたいという若者がほとんどだが、本格的にムエタイを始める旅行者もたくさんいるという。

9-74 外国人のためのムエタイ・ジム。近年は、海外から外国人旅行者を集めてムエタイを教えてビジネスにするジムが多い。オーナーが外国人のジムもある。ウボンラーチャターニーにあるレガシー・ジムは、オーレローセンというヨーロッパの選手がオーナーだ。このジムでは、月に1万バーツで、宿泊から食事まですべてのサービスを含んで技術指導をする。スウェーデン、スイス、スロバキア、フランス、アメリカ、デンマーク、アイスランドなどから来た選手がトレーニングをしていた。練習だけをタイで積み、ファイトマネーの高い自国での試合をするのが彼らのスタイルであるいう。

9-75 外国人の試合。メインイベントの後にこのような試合が組まれる場合がある。この試合はモロッコの選手とフランスの選手だった。このような外国人どうしの試合にはギャンブラーはあまり興味を示さないが、観光客には非常に人気が高い。（2011年3月2日、ラジャダムナン・スタジアム）

9-76 世界ムエタイ連盟日本代表監督、鴇稔之氏。「自分が最初にムエタイを見たのは80年代のムエタイのビデオです。その頃のムエタイは、今とは違って日本の武道の如く一撃で倒そうとするムエタイでした。しかし、だんだんギャンブルが盛んになるとパンチで倒しを狙う選手より、安全にポイントをとる選手が増えてきました」「アマチュア・ムエタイは、プロと違い、試合にも観客にもあまり金銭的な問題がないため、タイ国内はもとより世界100ヵ国近くで純粋にスポーツとして普及しており、数年前よりアジアやヨーロッパで世界大会を開催しています。OCA（アジアオリンピック委員会）も2005年からアマチュアの大会として正式に認めました。今後、世界各国のオリンピック委員会が認めたアマチュア・ムエタイ大会が世界各地で開催されていけば、オリンピックの正式種目となる日もそう遠くはないのではと思います」

第9章 ムエタイの世界

9-77（左）男子アマチュア・ムエタイの試合（写真提供：鴇氏）

9-78（右）女子ムエタイ選手の試合（写真提供：鴇氏）

9-79（上左）アマチュア・ムエタイ日本代表、岡田敦子さん（女子監督）

9-80（上右）2013年アマチュア・ムエタイ・ワールドチャンピオンシップには60ヵ国約300人の選手が参加した。（写真提供：石井要氏）

9-81（左）安全を配慮して防具も装着される。

9-82　伝統的なワイクルーの稽古をする岡田敦子さんと佐藤麻美さん。

9-83　イタリア人伝統ムエタイチームとマルコス師範（中央）。マルコス師範は、伝統的なムエタイは、空手の技法にたくさん共通点があると語る。

9-84　花澤一成くん(9歳)。「幼稚園からムエタイを始めました。暴れん坊でケンカばかりしていたので、母親に勧められてジムに入りました。今はもうケンカなんかしません。学校が終わったらムエタイのジムに来るのが楽しみです」。タイで生まれたムエタイが日本では青少年教育の一環として捉えられている。

9-85　40歳以上の格闘技イベント「ナイスミドル」に出場する花澤良晃さん（40歳）。「38歳から始めました。息子に父ちゃんの闘う姿を見せたいのです。ムエタイを始めて15キロ以上体重が軽くなりました」。ムエタイが現在の日本では自己実現の場となっている。

9-86　中山ひとみさん（20歳）「将来、警察官になりたくて、精神的にも肉体的にも強くなりたくてムエタイを始めました」

9-87　モンゴル人ムエタイ選手。柔道やレスリング選手のような体格だった。

第 9 章　ムエタイの世界

9-88　ギリシャ女子アマチュア・ムエタイ選手、カテリーナさん（27歳）。「ムエタイは健康的で綺麗な身体になるから始めたんです」

9-89　Chares Markeiさん（53歳、スイス）「スイスには50以上はムエタイのジムがありますよ」

9-90　Harrison Trascottさん（23歳、アメリカ）。「強くなりたくて極真空手を始めたけど、先生が厳しくて辞めちゃった。ムエタイの方が自由で自分には合ったんだ。アメリカ全体は大きすぎてジムの数は数えられないけど、我々の活動しているボストンならば、200人ぐらい練習している大きなジムは6つぐらいかな。

9-91　Ahamad Alzoubi さん（31歳、シリア）「内戦で足に銃弾を受けたよ。今はレバノンでムエタイを教えながら生活しています」

9-92　ブルガリアでムエタイを教えているKrsimir さん（37歳）、Angel さん（50歳）。「ブルガリアでは、お金持ちがムエタイを好んでフィットネスのような感覚で練習しています。ムエタイ・ジムは30ヵ所位ありますね。キックボクシングと合わせると70ヵ所ぐらいでしょう」

9-93 レバノンチームは、イスラム女性の着用するヒジャーブを着用する選手もいた。「レバノンは、キックボクシングとムエタイの両方が盛んですよ」

9-94 ベトナム・アマチュア・ムエタイ連盟代表Trung Thankさん（38歳）。「ベトナムには45のムエタイ・ジムがあって、国際大会が開かれると旅費の50パーセントを国が援助してくれますよ」

9-95 フィリピン・アマチュア・ムエタイチーム監督Aurelloさん（60歳）。「フィリピンでは、ムエタイをする人の20パーセントがプロです。アマチュア選手のほとんどはミドルクラスで、エンジニアがいたり体育教師がいたりしますよ」

9-96 韓国代表チーム監督Lee Won Kilさん。「韓国にはムエタイとキックとMMAを合わせると500ぐらいはジムがあると思います」。テコンドー発祥の地は格闘技が盛んなのだろうか。

9-97 イラク代表チーム。上段中央がムスタファー監督（警察官）。「イラクには、32のジムがあります。タイから本格的なコーチを招いている事務もありますよ。プロ興行もあるし、アマチュア選手もいっぱいいます。国際大会は政府が100パーセント旅費を援助してくれていますよ。女子も試合しますよ」

第9章　ムエタイの世界

9-98　UAE代表チームOssama Dakroub監督（右、42歳）。「UAEでは現在5つのジムで活動しています。だいたい200人ぐらいでしょうか。お金持ちは1週間練習したらジムに来ないから困ってしまいます。大会への参加は、50パーセントの援助があります」

9-99　インドチーム代表Abidさん（49歳、イスラム教徒）。「インドにはたくさんジムがありますよ。全部の数は知りませんが、私が関係しているジムは30ぐらいです」

9-100　ブラジルムエタイチーム。「ブラジルには、ムエタイのジムは17ヵ所あります。選手はミドルクラスからロークラスですね。お金持ちはあまりムエタイ・ジムに来ません」

9-101　リングに女子が上がる？　タイでは絶対に男性と同じリングで上がってはならないというムエタイも海外では大丈夫。国際式ボクシングと同じ感覚で水着の女性がリングに登場する。

9-102　ワイクルーの練習をする少女たち。観光客相手のムエタイショーに出て、お小遣いをもらう。

終章

　本研究は、プロ格闘技であるムエタイがなぜ相手を倒すことを必要としないのかという疑問から出発した。この疑問を解くため、私はムエタイの歴史から始まって、ムエタイを取り巻くタイの文化と社会の構造と特質について考察する一方、ムエタイの世界に生きる様々な立場の人たちにインタビューし、ムエタイの闘い方と観客の動向を観察した。その結果、明らかになったのは、ムエタイを対象に行なうタイ人のギャンブルがムエタイの変容を促したということである。
　タイは元来、ギャンブルに寛容な国だと言っていいだろう。国民のほとんどが信仰する仏教もギャンブルを表立っては禁止していない。また、法律も原則的にはギャンブルを禁止しているが、一定の条件下で認め、その結果、多くの場所で日常的にギャンブルが行なわれている。こうした中で、武術から発した伝統的な格闘技ムエタイも、いつのまにか、見て楽しむスポーツではなく、ギャンブルの対象の1つとなってしまった。実際、現在のムエタイ・スタジアムは、スポーツ競技場であると同時に、カジノと同じようなギャンブル場の役割を果たしている。
　タイは貧富の格差の大きい国である。ムエタイを闘う選手のほとんどが、東北地方など、貧しい地方から来た少年である。そして、今も、ムエタイ選手を職業に選ぶ貧しい少年はあとを絶たない。彼らが自らの肉体をかけて繰り広げる闘いがムエタイ・ギャンブルを支えている、あるいはムエタイ・ギャンブルの人気が彼らの生活を支えている、と言うことができるだろう。
　ムエタイは時代とともに変容してきた。仏教的な理念を背景に武術として創始されたと言われるムエタイは、相手を制するために、打・投・蹴の他、関節技を含めた様々な技法を開発してきた。この格闘技が、第1次世界大戦後の1920年代に、グローブを付けて、定められたルールの下にリングの中で闘うという近代スポーツに変貌した。近代ムエタイの誕生である。近代ムエタイは、当時アジアに進出しつつあった西欧列強に対し、タイ人は強く勇猛であると同時に、仏教の教えや伝統を大切にする誇り高い民族であるということをアピールする役割を担っていた。それは、近代化を目指すタイという国が富国強兵という目的のために勇敢な男性像を求めたからに他ならなかった。こうしてタイ国の近代化の象徴と位置づけられたムエタイは、国の後押しもあり、タイ全土に普及して隆盛を見ることになる。タイ全土から首都バンコクに集まった強者が覇を競い、技法を磨いて、勝者は国民的ヒーローと称えられた。
　しかし、そうしたムエタイの黄金時代は長くは続かなかった。もともとギャンブ

ル好きの国民性がこの熱い格闘技に目を付けないはずがなかったのである。ムエタイを対象に行なわれるギャンブルがたちまちタイ全土に広がった。そして、ムエタイ・ギャンブルが盛んになればなるほど、ムエタイはギャンブラーのためのスポーツと変容せざるをえなかった。

　最も影響が大きかったのは、ギャンブルのバリエーションの中で、「賭け率」を使うギャンブルの人気が高まったことである。一度きりの賭けでは運に頼るしかないが、賭け率を駆使して賭けるならば、勝敗が決定する直前まで、ギャンブルを幾度も楽しむことができる。このようなギャンブルがスタジアムの観客どうしの間で行なわれるようになり、さらに1950年代後半から1970年代にかけてプロモーター制度が導入されたことから、ギャンブラーは徐々に増加し、1970年代後半には観客の大半がギャンブラーとなってしまった。さらに1980年代からサッカーなどのスポーツに人気が奪われ、ムエタイ・スタジアムにギャンブラーしか来なくなったこともギャンブル・ムエタイ化に拍車をかけた。

　現在のムエタイ興行はギャンブラーのための興行だと言ってもいい。ムエタイは、ギャンブルを可能にする文化装置でなければならなくなったのである。このようにギャンブラーによって支配されたムエタイは、それまではなかった変容を遂げる。採点基準の大幅な変更や暗黙のルールの出現などである。それは、ムエタイの闘い方や技法、勝負観を変化させた。そして、ムエタイはプロ格闘技でありながら、「倒し合うことの必要のない格闘技」に変容した。相手を倒すというよりも身体資本（body capital）を傷つけないようにして勝つ新たなムエタイ文化が創造されたのである。

　このように、ムエタイのギャンブル化に伴う変容の過程とその実態をある程度明らかにすることができた。しかし、私自身の興味が技法と選手の生き方という面に傾斜した結果、ムエタイの変容をタイの経済的・社会的変化とどのように関連づけるかという面における考察は十分に深めることができなかった。ギャンブル・ムエタイへの変容はタイの経済発展とシンクロするところがあるようにも思える。また、名誉ある国民的スポーツから汚れたイメージのギャンブル・スポーツへの転落（と言っていいのかどうかわからないが）は、何を意味するのか。タイ人の意識の中のムエタイの位置ということを考えるとき、現在のタイの政変で顕在化してきた保守層と貧困層の対立という構図に思い至らないわけにはいかない。ムエタイのありようはタイ社会を映す鏡であると言うことができると思うが、どちらも今後の研究を待ちたい。

あとがき

　1998年、バンコクで開催されたアジア大会において、ムエタイが公開競技として行なわれた。その頃、修士論文を書くために題材を探していた私は、学内の留学生課に駆け込み、「タイでムエタイを研究したいのですが、どこか、ムエタイ研究をさせて頂ける大学はありませんか？」と尋ねた。当時の課長が、「面白い、すぐにタイの姉妹校に電話をしてみる」と、本当にすぐ電話をかけ、その場でタイ国カセサート大学に留学することが決定した。

　その当時、私は日本の体育研究者がムエタイとキックボクシングを混同しているような印象を受けていた。というより、多くの体育研究者は、ムエタイという競技に関して知識がなく、K-1とキックボクシング、ムエタイの違いがわからない状態であったのである。そう言う私も、タイ語も話せなければ、ムエタイの技の名前も知らず、キックボクシングのルーツになったものであるということぐらいしか、わかっていなかった。

　そんな手探りの状態で、ムエタイをよく知っている日本人がいると聞くと、すぐにインタビューに出かけて行った。日本国内の有名キックボクサーや、在日ムエタイ選手を見つけると、すぐにメモを取り出した。元来の厚かましい性格のおかげで、タイでも遠慮なく、有名なOBムエタイ選手を見つけると写真撮影とインタビューをお願いした。それがたくさん集まって、論文が完成したのである。私は、まだムエタイの世界を十分把握できていないかもしれない。しかし、本論文は、たくさんのムエタイ選手やプロモーターや、たくさんのムエタイのファンにインタビューした内容を、積み重ねて完成したものであるから、楽しんで読んで頂けたら幸いである。

　ムエタイに詳しい人には、「まだまだ、甘い」とお叱りを受けるかもしれませんが、本書が日本におけるムエタイ研究の礎になることを願って書き上げました。つたない表現や理解しづらい点があれば、ひとえに筆者の責任です。

　最後まで読んで頂きまして、有難うございます。心から感謝致します。

合掌

参考文献

赤木攻　1989『タイの政治文化　剛と柔』勁草書房
綾部恒夫、永積昭編　1982『もっと知りたいタイ』弘文堂
綾部恒夫、林行夫　2003『タイを知るための60章』明石書店
石井米雄監修　1993『タイの事典』同朋舎
井上俊、亀山佳明　1999『スポーツ文化を学ぶ人のために』世界思想社
小和田哲男　1989『山田長政　知られざる実像』講談社
柿崎千代訳　2002『タイの歴史　タイ高校社会科教科書』明石書店
加部究　2001『真空飛び膝蹴りの真実』文春ネスコ
上東輝夫　1982『タイ王国　民族と外交の歴史』原書房
────　1983『タイ社会を見る目』原書房
現代タイ研究会　1999『タイ現代情報事典』星雲社
末廣昭、南原真　1991『タイの財閥』同文舘出版
寒川恒夫　1995『21世紀の伝統スポーツ』大修館書店
早田寛　2007「格闘技通信」No.422（6月8日）、ベースボールマガジン社
田中忠治　1981『新タイ事情　上』日中出版
────　1988『タイ　歴史と文化』日中出版
谷岡一郎、中村祥一編著　1997『ギャンブルの社会学』世界思想社
日本スポーツ出版社　1999『蘇る伝説「大山道場」読本』日本スポーツ出版社
日本タイ学会編　2009『タイ事典』めこん
松下正弘　1995『タイ文化ハンドブック』勁草書房
村嶋英治　1996『ピブーン　独立タイ王国の立憲革命』岩波書店
────　2003『タイを知るための60章』明石書店
薬師寺永子　1996『格闘王6　ムエタイの本』福昌堂

Delp, C. 2002, *Muay Thai: Advanced Thai Kickboxing Techniques*, Frog., Ltd, Barkeley.
Dort, L.A. 2004, *Sport, Tradition and Women in Competitive Muaythai*, MA thesis, Chulalongkorn University, Bangkok.
Howard M.C., Wattanapun W., Gordon A.(Eds.) 1998, *Traditional T'ai Arts in Contemporary Perspective*, White Lotus, Bangkok.
Kaya 1989, *Sirappa haeng MuayThai, The Siamese Art of Buddhatantric Self-defense*, Boristto Piiwaatin, Bangkok.
Kitiarsa, P. 2003, *Lives of Hunting Dogs*, Somboon Printing co., ltd, Nakhon Ratchasima.
Kraitus, P. 1988, *Muaythai*, Asia Books, Bangkok.
Monthienvichienchai, A. 2004, *The Change in The Role and Significance of Muythai, 1920-2003*, MA thesis, Chulalongkorn University, Bangkok.
National Culture Commission 1997, *Sinrappa Muaythai*, Bangkok.
Phongpaichit, P., Baker, C. 1998, *Boom and Bust*, Silkworm Books, Chian Mai.
Phongpaichit, P., Priyaransan S., Treerat, N. 1998, *Guns Girls Gambling Ganja*, Silkworm Books, Chian Mai.
Prayukvong, K., Junlakan, L.D. 2001, *Muaythai A Living Legacy*, Spry Books, Bangkok.
Rajadamnern Stadium 1961, *Thai Style Boxing Rules and Regulation*, Bangkok.
Rajadamnern 2006, *60 pii Weethii Raachadamunern*, Borisat Weethii Raachadamnun Camkat, Bangkok.

Ratanasuban, S. 2005, *Wan Somchai*, Nation Books, Bangkok.
Sports Authority of Thailand 1999, Board of Boxing Sport, Bangkok.
Stockmann, H. 1976, *Kick Boxing: Muay-Thai the Art of Siamese Un-ar Combat*, Ohara Publications, California.
Suhongsa, C. 1983, *Muaythai*, Dharamasarn co., ltd, Bangkok.
Vail, P. 1998, *Violence and Control: Social and Cultural Dimensions of Boxing in Thailand*, PhD thesis Cornell University, Ithaca.
Wu, S. 2006, *Sien u yuu yang sien*, Nokhook, Bangkok.

【ムエタイ雑誌・新聞】
Monthly Muaythai, No.1-No.10, May 2001-March 2002, Sisico Promotion.
Muaythai Magazine, 1998 July vol.1-vol.3 No.10,WMC.
Gira, 1951.2.11, 1951.4.15, 1951.3.4, 1956.8.13.
Giramuay, 1951.1.14.
Boxing, 1955.12.13,1966.2.28, 1971.5.30.
The champ, 161, 1985.11.15
The Thai Boxing Mgazine, 1980.10.9.
Fighter, 48, 1986.1.31.
Muay Too, 985, 2005.8.5.
Peoples daily, July.13, 2006.

【映像】
「ムエタイ名勝負大全集」日本スポーツ映像株式会社
Sut yot muaythai suk wan sonchai (The best of Onesongchai promotion) vol.1〜7.
Peut gru muaythai khaad cheauk Chaiya (Unlock the Secrets of Muay Kaad Chuek Chaiya), codified by Grand Master Kaet Sriyapai, 2003.10.3.

菱田慶文（ひしだ・よしふみ）

早稲田大学スポーツ科学研究センター招聘研究員。
四日市看護医療大学地域研究機構地域政策研究所研究員。
全日本シュートボクシング協会シーザー力道場所属。エキスパートクラス、
ウエルター級。（リングネーム　菱田剛気）

1971年	長崎県生まれ、三重県育ち
1994年	名城大学第二法学部卒業
1998年	筑波大学大学院体育研究科修士課程入学
1999〜2000年	タイ国立カセサート大学留学
2001年	筑波大学大学院体育研究科終了、修士（体育学）
2002年	早稲田大学大学院人間科学研究科博士後期課程入学
2003〜08年	東京都台東区立浅草中学校教育相談員
2003〜05年	東京スポーツ・レクリエーション専門学校非常勤講師
2008年	早稲田大学大学院人間科学研究科博士後期課程修了、博士（人間科学）
2009〜14年	帝京平成大学教員
2010年〜現在	台東区健全育成アドバイザー
1999〜2009年	バンコクのラジャダムナン、オームノイ、ランシット各スタジアムでムエタイを闘う。

ムエタイの世界　●ギャンブル化変容の体験的考察

初版第1刷発行　2014年4月10日

定価 2500円＋税

著者 ……………… 菱田慶文 ©

装丁 ……………… 臼井新太郎
発行者 …………… 桑原　晨
発行 ……………… 株式会社めこん
　　　　　　〒113-0033　東京都文京区本郷3-7-1
　　　　　　電話 03-3815-1688　FAX 03-3815-1810
ホームページ …… http://www.mekong-publishing.com
印刷・製本 ……… 太平印刷社
ISBN …………… 978-4-8396-0277-2 C0075 ￥2500E　　　　0075-1401277-8347

JPCA 本書は日本出版著作権協会（JPCA）が委託管理する著作物です。複写（コピー）・複製、その他著作物の利用については事前に日本出版著作権協会（Tel.03-3812-9424 info@jpca.jp.net）の許諾を得てください。http://www.jpca.jp.net/

タイ事典
日本タイ協会=編
タイ研究者140名が総力をあげて作りました。執筆項目830。政治、経済、地理、歴史、文化、国際関係などタイに関するあらゆる事項を網羅。
【定価5000円+税】

タイ仏教入門
石井米雄
タイ研究の碩学が若き日の僧侶体験をもとにタイ仏教の構造をわかりやすく説いた不朽の名作です。なるほど、と目からうろこが落ちます。
【定価1800円+税】

赤VS黄
ニック・ノスティック=写真・文 大野浩=訳
▼タイのアイデンティティ・クライシス
2008年、バンコク騒乱の現場からの迫真のルポ。今なお続く赤シャツ派と黄色シャツ派の深い亀裂の原点が見えてきます。
【定価2500円+税】

バンコク・自分探しのリング
吉川秀樹=写真・文
▼ムエタイを選んだ5人の若者
仕事を辞め、学校を捨て、「生きる手触り」を求めて単身タイにやってきた5人の男女。ストイックではかない青春のルポです。
【定価1500円+税】

バンコクバス物語
水谷光一
740枚のカラー写真とともにバスの1日を楽しんでください。路線図などデータも揃っています。バンコクの本当の姿が見えてきます。
【定価1800円+税】

マンゴーが空から降ってくる
水野潮
▼タイの田舎に暮らすということ
タイ人と結婚してチェンライに住む元バックパッカーのエッセイ。貧しかった80年代、豊かになった90年代のタイの田舎暮らしを軽妙に語りました。
【定価1900円+税】

タイ鉄道旅行
岡本和之
タイ鉄道全線の乗車記。タイの紀行では最高の傑作でしょう。乗り方・路線図・時刻表を揃えた完全ガイドで、2006年に最新データに改訂しました。
【定価2500円+税】

タイのしきたり
中島マリン
タイの習慣、マナー、儀式、冠婚葬祭、祝祭日など、タイで暮らすときの「常識」をわかりやすく説明しました。すぐに役立ちます。
【定価2000円+税】

タイの祭り
梶原俊夫
タイで一番楽しいのはお祭り！ いつ、どこで、どんなお祭りがあるか？ 700枚のカラー写真でつづる完全お祭りガイドです。
【定価2500円+税】

めこん